CE1

Priorité Français Maths

Audrey Forest, professeure des écoles
(académie de Nice)

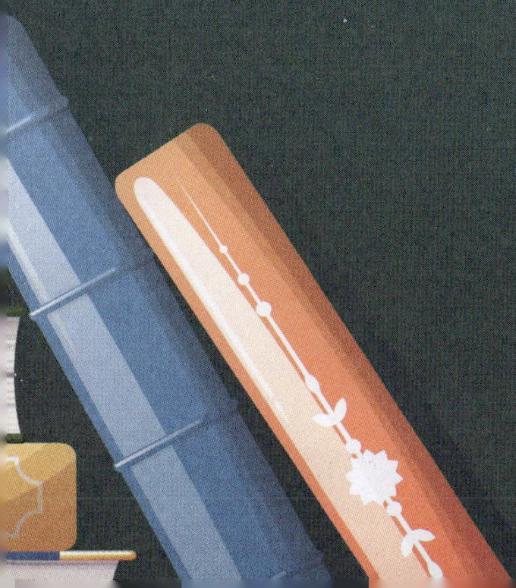

LAROUSSE

CONSEILS AUX PARENTS

GRÂCE À CE CAHIER, VOTRE ENFANT COMPRENDRA TOUT AU FRANÇAIS ET AUX MATHÉMATIQUES ET PRENDRA PLAISIR À S'EXERCER !

Avec la participation de CAMILLE MOREIRA,
professeure des écoles (académie de Paris)

Direction de la publication : Carine Girac-Marinier
Direction éditoriale : Audrey Gérard
Édition : Marie Trémoureux, avec l'aide d'Agathe Lo Presti
Relecture-Correction : Vediteam
Conception graphique couverture : Uli Meindl, Sophie Rivoire
Conception graphique intérieur : Sophie Rivoire, Mathilde Dufau
Réalisation graphique : STDI
Éléments graphiques : Shutterstock
Fabrication : Carole Rousseau

ISBN : 978-2-03-605791-3

Achevé d'imprimer en Espagne par Estella Gráficas
Dépôt légal : juillet 2024 – 334974/01
Numéro de projet : 11053944 – mai 2024

PRÉSENTATION DE LA COLLECTION

CET OUVRAGE, CONÇU PAR DES ENSEIGNANTES DE PRIMAIRE,
se concentre sur les apprentissages de FRANÇAIS et de MATHÉMATIQUES
pour permettre aux enfants de s'exercer sur
LES MATIÈRES ESSENTIELLES ET DE VRAIMENT PROGRESSER !

Chaque cahier est CONFORME AUX NOUVEAUX PROGRAMMES
DE L'ÉDUCATION NATIONALE EN VIGUEUR À LA RENTRÉE 2024
et propose à votre enfant de découvrir et de consolider
LES NOTIONS INDISPENSABLES À CONNAÎTRE EN CE1.

Des **leçons claires et détaillées** pour acquérir toutes les notions à connaître.

Des **exercices progressifs** pour s'entraîner à son rythme !

Des **approfondissements** pour développer ses connaissances.

Des **activités pour vérifier la compréhension** et s'approprier la leçon de façon ludique.

Des conseils ou des coups de pouce pour bien réussir avec nos personnages pour accompagner votre enfant tout au long de ses apprentissages.

✚ **En fin d'ouvrage, retrouvez des corrigés pour vous permettre de vérifier les acquis et de suivre les progrès de votre enfant.**

Français

ORTHOGRAPHE

GRAMMAIRE

CONJUGAISON

VOCABULAIRE

LECTURE

Maths

NOMBRES ET CALCULS

ESPACE ET GÉOMÉTRIE

GRANDEURS ET MESURES

CORRIGÉS

Je distingue les noms masculins et les noms féminins

J'observe

un renard / un ami

une renarde / une amie

Je retiens l'essentiel

- Tous les noms ont **un genre** : soit **masculin**, soit **féminin**.
- Un nom est **masculin** quand il y a **le** ou **un** devant. Un nom est **féminin** quand il y a **la** ou **une** devant.
- Pour **transformer un nom masculin en nom féminin**, il faut souvent ajouter un **-e** à la fin.

  Exemple : un ours → une ourse

Pour aller plus loin

Il existe d'**autres règles** :

-eur → -trice ou -euse
un chanteur → une chanteuse
un acteur → une actrice

-er → -ère
un fermier → une fermière

-ien → -ienne
un chien → une chienne

Je vérifie que j'ai bien compris

Relie les bonnes réponses.

nom masculin •	• une •	
	• le •	• ourse
nom féminin •	• la •	• ours
	• un •	

Je manipule

1 Colorie en violet les noms masculins et en rouge les noms féminins, comme dans l'exemple.

mouche	garçon	vache	chat
voiture	lit	bille	chien
maison	ballon	vélo	pomme

Exercices

Je m'entraîne

2 Relie le nom au déterminant correspondant.

un • une •

• dessinateur • ogresse • louve • singe • oncle • nageuse • jongleur • doctoresse

3 Relie les noms féminins aux noms masculins correspondants.

la factrice •	• le comédien
la comédienne •	• le traître
la conductrice •	• le facteur
la traîtresse •	• le pharmacien
la pharmacienne •	• le dessinateur
la boulangère •	• le boulanger
la dessinatrice •	• le conducteur

4 Retrouve le masculin des noms suivants.

une fille → un ....
une mère → ....
une truie → ....
une sœur → ....
madame → ....
une femme → ....

Je sais faire

5 Retrouve le féminin des noms suivants.

un aviateur → une ....
un magicien → ....
un boucher → ....
un infirmier → ....
un Italien → ....
un menteur → ....

6 Dans les phrases suivantes, mets les sujets féminins au masculin.

La musicienne est connue pour son talent.

→ .... est connu pour son talent.

La cuisinière imagine une nouvelle recette.

→ ....

La maîtresse conseille des livres à ses élèves.

→ ....

Je distingue les noms singuliers et les noms pluriels

J'observe

une étoile filante → des étoiles filantes
singulier — pluriel

la planète naine → les planètes naines
singulier — pluriel

Je retiens l'essentiel

- Tous les noms ont un genre mais aussi **un nombre : soit singulier, soit pluriel**. Au singulier, on parle d'une **seule chose** ; au pluriel, on parle de **plusieurs choses**.
- Les noms au singulier sont accompagnés par des **déterminants singuliers** : **le**, **la**, **l'**, **un**, **une**, **mon**, **ton**, **son**, **sa**, **leur**... Les noms au pluriel sont accompagnés par des **déterminants pluriels** : **les**, **des**, **mes**, **tes**, **nos**, **vos**, **leurs**...

Le plus souvent, **tu ajoutes un -s au nom quand il est au pluriel.**

Pour aller plus loin

Tu mets un **-x** derrière les noms en ***-au*** et ***-eau***, ainsi que pour quelques noms en ***-ou*** : **hiboux**, **choux**, **genoux**, **cailloux**, **bijoux**, **poux**, **joujoux**.

Je vérifie que j'ai bien compris

Écris les noms suivants au pluriel.

une planète → des ....

un chou → des ....

un bijou → des ....

Je manipule

1 Relie chaque nom au singulier avec le pluriel qui correspond, comme dans l'exemple.

cochon •	• fromages
chat •	• chats
bateau •	• manteaux
fromage •	• cochons
château •	• genoux
manteau •	• voisins
genou •	• poules
poule •	• bateaux
olive •	• olives
voisin •	• châteaux

Je m'entraîne

2 **Colorie les noms suivants en respectant le code couleur. Suis bien l'exemple.**

pluriel en -s | pluriel en -x

oiseau	sucre	caillou	trou
lampe	poireau	cloche	drapeau
chameau	hibou	famille	seau

3 **Relie chaque nom au singulier à la marque du pluriel qui convient.**

- bureau •
- éponge •
- poire •
- chapeau •
- tableau •
- roi •

• -s

• -x

Souviens-toi : tu mets un **-x** pour former le pluriel des noms en ***-au*** et ***-eau***.

4 **Écris le pluriel des noms suivants.**

un jumeau → des ....

le caneton → les ....

le corbeau → ....

ta robe → ....

un moustique → ....

ton manteau → ....

ma valise → ....

une épine → ....

son cerceau → ....

un caillou → ....

Je sais faire

5 **Colorie le bon mot pour former des phrases correctes.**

Les { chien / chiens } aboient dans la { rue. / rues. }

Ces { enfant / enfants } adorent jouer aux { dominos. / domino. }

6 **Réécris les phrases suivantes au singulier.**

Pour la **terminaison des verbes**, tu peux t'aider de la leçon 11.

Les clowns font leurs acrobaties sous les chapiteaux.

→ ....

Les passagers de l'avion doivent avoir mis leurs valises dans la soute.

→ ....

J'apprends les mots outils

J'observe

Il y a **beaucoup** de feuilles **dans** le jardin et **devant** la maison **parce que** nous sommes **en** automne.

Je retiens l'essentiel

- Les **mots outils** sont des mots qui donnent des **précisions** sur la phrase (**lieu**, **temps**, **cause**...). Ils sont **invariables**, ce qui veut dire que **leur orthographe ne change jamais**.
- Voici la liste des **mots outils à connaître en CE1**.

toujours – devant – trop – comment – avec – maintenant – aujourd'hui – hier – chez – aussi – derrière – qui – mais – demain – alors – c'est – jamais – en – beaucoup – dans – que – encore – quand – pourquoi – combien – comme – parce que

On les trouve **très fréquemment** dans les phrases. Tu dois savoir les écrire **par cœur**, cela t'aidera à **lire** et à **écrire plus facilement**.

Je vérifie que j'ai bien compris

Relie les bonnes réponses.

mots outils

invariables • variables • fréquents

chez • avec • anniversaire • beaucoup • fraises

Je manipule

1 Recopie les mots outils ci-dessous pour bien les connaître.

toujours	aujourd'hui	pourquoi
....	....	....
maintenant	quand	beaucoup
....	....	....

Je m'entraîne

2 Retrouve, dans la liste indiquée dans la leçon, les mots outils demandés et recopie-les.

Quatre mots outils qui ont une double consonne.

→ ....

Cinq mots outils qui ont une lettre muette.

→ ....

3 Retrouve et colorie les mots outils suivants dans la grille de mots mêlés ci-dessous.

beaucoup — jamais — quand — hier — maintenant

toujours — pourquoi — aujourd'hui — demain — devant

T	B	E	A	U	C	O	U	P	J
M	S	E	R	A	T	O	U	J	A
A	O	D	E	V	A	N	T	B	U
I	J	A	M	P	O	U	G	R	J
N	T	O	U	J	O	U	R	S	O
T	A	D	E	M	A	I	N	Q	U
E	H	M	A	I	N	T	E	U	R
N	I	H	I	R	A	E	G	A	D'
A	E	J	A	M	A	I	S	N	H
N	R	Q	U	O	I	R	E	D	U
T	P	O	U	R	Q	U	O	I	I

Les mots à trouver sont écrits dans le sens horizontal et vertical.

4 Complète les phrases suivantes avec les mots outils proposés.

dans • comme • avec • chez • aussi

- Demain, je vais .... ma meilleure amie.
- .... la classe, nous avons un lapin.
- Tu as les cheveux noirs .... le charbon.
- Avec mes frites, je voudrais .... des haricots verts.
- Je mange ma glace .... de la chantilly.

Je sais faire

5 Lis la phrase suivante, puis demande à un adulte de te la dicter.

Les élèves demandent encore quand ils partiront en sortie avec la classe.

LEÇON 4

Je reconnais un groupe nominal

J'observe

Le koala dort.

déterminant + nom = groupe nominal

Je retiens l'essentiel

- Un groupe nominal est un **groupe de mots**. Dans sa forme la plus simple, **le groupe nominal est composé de deux éléments** : un **déterminant** et un **nom**, qu'on appelle **« nom noyau »**.
- Le **nom peut être commun ou propre**.
  – Le **nom commun** désigne une personne, un animal, un lieu, un objet **en général**.
  – Le **nom propre** désigne une personne, un animal, un lieu, un objet **en particulier**. Il porte une **majuscule**.
  Exemple : Mon animal préféré est le chien (nom commun). Mon animal préféré est Médor (nom propre).
- **Le déterminant sert à accompagner le nom**. Il se place **devant** lui.
  En voici quelques-uns : le, la, les, un, une, des, ma, ton, son, leur, cet, cette, ces…

Masculin / Singulier	Féminin / Singulier	Pluriel
le	la	les
un	une	des
mon	ma	mes
ton	ta	tes
son	sa	ses

Je vérifie que j'ai bien compris

Dans la phrase suivante, indique le **déterminant** et le **nom**.

Le koala dort.

Le → ……………………
koala → ……………………

Je manipule

1 Dans les phrases suivantes, entoure **les noms propres en violet**, **les noms communs en bleu**, et **les déterminants en rouge**.

- Les écureuils se promènent dans Central Park à New York.
- Le Rhône se jette dans la mer Méditerranée.
- Rosa Bonheur est une peintre française talentueuse.

Exercices

Je m'entraîne

2 Remplace les groupes nominaux suivants par des noms propres, comme dans l'exemple.

un super-héros → Super-Man

une ville → .... un pays → ....

une mer → .... une planète → ....

un monument → .... un nom de famille → ....

un prénom de fille → .... un prénom de garçon → ....

3 Entoure le déterminant qui convient pour chaque image.

a. le / la / les

b. un / une / des

c. mon / ma / mes

4 Complète les groupes nominaux suivants avec un nom commun, comme dans l'exemple.

la jolie <u>fleur</u> de mon jardin

- le gentil .... du voisin
- ma grande ....
- la .... rouge
- ce petit ....

Je sais faire

5 Complète le texte ci-dessous en utilisant les déterminants suivants : la, le, les, l', un, une, du, son, ses.

Paul marche dans .... rue. .... soleil .... matin brille dans .... ciel. .... oiseaux chantent. Il a dans .... sac .... paire de lunettes de soleil et .... chapeau. .... été arrive dans quelques jours. C'est la saison préférée d'............... de .... amies.

6 Remplace les groupes nominaux soulignés par d'autres de ton choix.

Veille à conserver **le sens de la phrase** !

<u>Ce garçon</u> mange <u>des pâtes</u>.

→ ....

<u>Ma mamie</u> cuisine <u>des légumes</u>.

→ ....

<u>L'arbre</u> perd <u>ses feuilles</u>.

→ ....

LEÇON 5

J'identifie les composants du groupe nominal

J'observe

la planète **naine** – la planète **rouge** – la planète **scintillante**

Je retiens l'essentiel

- Dans sa forme la plus simple, **le groupe nominal est composé d'un déterminant** et du **nom noyau** *(voir leçon 4)*.
- Pour apporter des informations supplémentaires sur le nom, tu peux utiliser des **adjectifs qualificatifs**. Ils précisent le nom (taille, couleur, forme...). L'adjectif peut se rapporter à **une personne**, **un animal**, mais aussi à **un objet**, **un lieu**, **une idée**...

Exemples : la pomme verte – le gentil chien.

Je vérifie que j'ai bien compris

Dans la phrase ci-dessous indique **les adjectifs qualificatifs, le nom et le déterminant.**

Le | **grand** | **taxi** | **jaune**

....	....	....	....

Je manipule

1 Colorie le chemin des adjectifs qualificatifs.

→ bleu	grave	mignon	doux	tortue	pommes
histoire	oiseau	livre	blanc	miel	tarte
manger	gros	effrayant	peureux	promener	campagne
ranger	gris	solide	vieux	sec	fermé →

Exercices

Je m'entraîne

2 **Colorie en bleu le nom commun et en rouge les adjectifs qualificatifs dans les groupes nominaux suivants.**

le camion rouge | les longues frites
le beau chat noir | une plante grimpante
le sucre blanc | une glace rafraîchissante

3 **Entoure en bleu les noms communs et souligne en rouge les adjectifs qualificatifs dans les phrases suivantes.**

- Le cahier vert est à côté de la table basse.
- Les brioches dorées cuisent dans le four chaud.
- Les vaches noires broutent l'herbe fraîche.

Je sais faire

4 **Trouve plusieurs adjectifs pour qualifier les noms communs suivants.**

une salade → ....

un arbre → ....

un koala → ....

un mouchoir → ....

un chat → ....

5 **Forme 3 groupes nominaux en n'utilisant qu'une seule fois chacun des termes suivants.**

passionné | chevaux | majestueux
garagiste | la | talentueuse
le | vétérinaire | des

→ ....

→ ....

→ ....

LEÇON 6 J'accorde correctement l'adjectif qualificatif

J'observe

un lion endormi → une lionne endormie

des lionnes endormies

Je retiens l'essentiel

- Dans le groupe nominal, **l'adjectif s'accorde en genre et en nombre avec le nom qu'il qualifie**. Cela signifie qu'il faut changer la manière d'écrire l'adjectif pour ajouter des **marques du féminin et/ou du pluriel** selon le genre et le nombre du nom.
- Dans la grande majorité des cas, **la marque du féminin est un -e** et **la marque du pluriel est un -s**.

Exemple : un comédien doué → des comédiennes douées

Pour aller plus loin

Attention, **certains adjectifs de couleur sont invariables** : marron, orange, abricot, bronze, indigo, kaki, marine, noisette, ocre, or, pastel, turquoise...

Je vérifie que j'ai bien compris

Relie les bonnes réponses.

des comédiennes •

- douées
- doué
- doués
- talentueuse
- talentueuses
- talentueux

Je manipule

1 Dans les groupes nominaux suivants, colorie l'adjectif qualificatif qui convient.

- les cheveux blonds / blond
- des chaussettes troué / trouées
- un chaton apeuré / apeurée
- une maison hantée / hantées

Parfois, il n'y a **pas de marque de genre ou de nombre à ajouter** !

2 Accorde l'adjectif en genre et en nombre avec le nom qu'il qualifie.

- une fraise sucré......
- une chaise cassé......
- un écureuil agile......
- des joli...... fleurs
- une mamie gentil......
- des vacances reposant......

Exercices

Je m'entraîne

3 Écris les groupes nominaux suivants au pluriel.

la grande crinière → les ....

la fête foraine → ....

un film fantastique → ....

un livre extraordinaire → ....

une fraise rouge → ....

une grande ville → ....

un voisin agaçant → ....

un mécanicien efficace → ....

4 Écris les groupes nominaux suivants au singulier.

des cahiers déchirés → un ....

des tables hautes → ....

des loups affamés → ....

des jardiniers doués → ....

des grands frères → ....

des leçons faciles → ....

des crêpes sucrée → ....

des légumes verts → ....

Je sais faire

5 Complète le texte avec les adjectifs suivants.

composée • mûre • bon • coloré

Je ramasse une tomate bien .... Le jardin de papi est .... Une fois en cuisine, il m'aide à découper les tomates pour faire une salade .... Nous nous mettons à table pour déguster un .... repas.

6 Dans chaque phrase, souligne les groupes nominaux. Complète-les avec un adjectif qualificatif de ton choix.

Le vent chasse les nuages.

→ ....

Les moustiques piquent les enfants.

→ ....

J'apprends à distinguer les différents types et formes de phrases

J'observe

Quel temps fait-il ?
La météo est splendide !
Les oiseaux chantent. Il ne pleut pas.

Je retiens l'essentiel

- Une **phrase** est un ensemble de mots qui **commence par une majuscule** et se **termine par un point**. Elle doit avoir du **sens**.
- On distingue trois **types de phrases** :

Phrase déclarative	Phrase interrogative	Phrase impérative
Permet de raconter un événement, faire une description, donner son avis. Elle se termine par un **point**.	Permet de poser une question. Elle se termine par un **point d'interrogation**.	Permet d'exprimer un ordre, un conseil, un souhait ou une interdiction. Elle se termine par un **point** ou un **point d'exclamation**.

- On distingue trois **formes de phrases** :
  – **affirmatives** si elles affirment quelque chose ;
  – **négatives** si elles disent non à quelque chose. Elles utilisent des marques de négation (**n'/ne… pas**, **ne… plus**, **ne… rien**) ;
  – **exclamatives** lorsqu'elles expriment une émotion forte et marquée.

Pour aller plus loin

La phrase interrogative peut s'obtenir de **trois manières différentes** :

→ Elle est droitière.

→ Elle est droitière ?

→ Est-elle droitière ?

→ Est-ce qu'elle est droitière ?

Je vérifie que j'ai bien compris

Lis la phrase ci-dessous et relie les bonnes réponses.

	• phrase déclarative •	• affirmative
Je vais à la piscine. •	• phrase interrogative •	• négative
	• phrase impérative •	• exclamative

Je manipule

1 Colorie les phrases déclaratives en bleu, interrogatives en jaune et exclamatives en violet.

Quel est ton passe-temps favori ?

Quelle merveille !

J'aime dessiner des fleurs.

Il te faut des crayons de couleur.

Exercices

Je m'entraîne

2 Entoure les marques de la négation dans les phrases suivantes.

- Les grenouilles ne se reposent pas sur les nénuphars.
- Demain, nous n'aurons plus de lait.
- Les écoliers ne font pas de bruit dans les couloirs.
- La plage n'est pas ensoleillée.

3 Ajoute le point qui convient à la fin des phrases suivantes.

- Partez-vous en vacances .....
- Nous allons au bord de la mer ....
- Quel plaisir de mettre les pieds dans le sable ....
- Attention aux crabes ....
- As-tu mis de la crème solaire ....
- Pouvez-vous ranger vos jeux de plage ....

4 Transforme la phrase déclarative suivante en phrases interrogatives.

Mes chaussettes sont trouées.

→ ....

→ ....

→ ....

Trouve les **trois manières** de les écrire.

Je sais faire

5 Transforme les phrases déclaratives suivantes en phrases exclamatives.

Le soleil brille.

→ ....

La tarte est mauvaise.

→ ....

6 Transforme les phrases affirmatives suivantes en phrases négatives.

Il a recousu son pantalon.

→ ....

Tu démolis la cabane.

→ ....

LEÇON 8

J'apprends à reconnaître le sujet et le verbe

J'observe

Le petit garçon roux **gambade** dans les prés.
sujet : Le — verbe : gambade

Il **gambade** dans les prés.
sujet : Il — verbe : gambade

Je retiens l'essentiel

- Dans une phrase, le **sujet** est **celui qui fait l'action**, qui ressent l'état décrit. Le sujet peut être **un nom propre**, **un groupe nominal** ou **un pronom personnel (je, tu, il/elle/on, nous, vous, ils/elles)** (*voir leçon 9*).
- Le **verbe** désigne **une action accomplie** (boire, manger, dormir, rêver...) ou **un état ressenti** (être, sembler, avoir l'air...) par quelqu'un ou quelque chose, à **un moment donné**. Si tu cherches un verbe dans le dictionnaire, tu le trouveras à **l'infinitif**. Dans une phrase, le verbe est souvent **conjugué**, c'est-à-dire qu'**il change de forme selon la personne qui fait l'action et le moment auquel elle se déroule (passé, présent, futur)**.

Je vérifie que j'ai bien compris

Relie les bonnes réponses.

verbe •	• décrit une action • indique qui fait l'action	• se conjugue selon la personne et le temps • est toujours à l'infinitif
sujet •	• décrit une action • indique qui fait l'action	• peut être un nom propre ou commun • peut-être un verbe (manger, faire) • peut-être un pronom (je, tu, nous, ils...)

Je manipule

1 Relie le sujet au verbe correspondant pour former des phrases correctes.

Le marcheur •	• guette une proie.
Le loup •	• sont allés au cinéma.
La lumière de la chambre •	• est éteinte.
Le bébé •	• désobéit à sa maman.
Le petit chaperon rouge •	• se promène sur les chemins.
Les enfants •	• va à la crèche.

Exercices

Je m'entraîne

Pour trouver le sujet, demande-toi **qui fait l'action**.

2 Souligne en bleu le sujet dans les phrases suivantes.

- Le cycliste tend son bras avant de tourner.
- Le chat bondit sur le rebord de la fenêtre.
- Mamie et papi ont cueilli du muguet.
- Les médecins guérissent les malades.

3 Entoure en rouge le verbe dans les phrases suivantes.

- Le facteur distribue le courrier tous les jours.
- Mathilde et sa sœur jouent dans le jardin.
- Les enfants de la classe récitent une poésie.
- La musicienne joue du piano.
- Papa passe la serpillière.

4 Trouve l'infinitif des verbes suivants.

Je plante → ....

Elle change → ....

Nous apportons → ....

Vous ralentissez → ....

Ils jouent → ....

Tu chantes → ....

Je sais faire

5 Dans les phrases suivantes, remplace le pronom personnel sujet par un nom propre ou un groupe nominal correspondant.

__Il__ mange des raviolis à la sauce tomate.

→ ....

__Elle__ décore le sapin de Noël.

→ ....

__Elles__ font la course dans la cour.

→ ....

__Ils__ marchent dans la forêt.

→ ....

__Elle__ nage dans la rivière.

→ ....

LEÇON 9

Je comprends l'usage des pronoms

J'observe

Le jardin est en fleur.

↓

Il est en fleur.

Je retiens l'essentiel

- Un **pronom** est un mot que tu peux utiliser pour **remplacer un nom**. **Cela évite de faire trop de répétitions** lorsque tu parles ou écris.
- Il en existe **plusieurs sortes**. Ceux que tu dois connaître en CE1 sont les **pronoms personnels sujets**, qui te permettent de conjuguer les verbes et de retrouver la bonne terminaison.

1re personne du singulier	Je parle de moi	**Je**
2e personne du singulier	Je parle de toi	**Tu**
3e personne du singulier	Je parle d'une autre personne, animal, objet	**Il/Elle/On**
1re personne du pluriel	Je parle de moi et d'une ou plusieurs personnes	**Nous**
2e personne du pluriel	Je parle de toi et d'une ou plusieurs personnes	**Vous**
3e personne du pluriel	Je parle de plusieurs autres personnes, animaux, objets	**Ils/Elles**

Je vérifie que j'ai bien compris

Dans la phrase ci-dessous remplace le nom propre en gras par le pronom personnel sujet qui convient.

Paul écoute sa chanson préférée.

↓

.... écoute sa chanson préférée.

Je manipule

1 Colorie le pronom personnel correspondant aux sujets, en gras, dans les phrases suivantes.

- **Maman** lit une histoire chaque soir. Il / Elle / Ils / Elles
- **Mon manteau** est devenu trop petit. Il / Elle / Ils / Elles
- **Le fermier** travaille beaucoup. Il / Elle / Ils / Elles

Je m'entraîne

2 Relie chaque groupe nominal au pronom personnel qui correspond.

ma petite sœur •	• il
Jules et toi •	• elle
mon chien et moi •	• nous
le petit koala •	• vous
les lions rugissants •	• ils

3 Relie les groupes nominaux suivants aux pronoms personnels qui correspondent.

la sauterelle •	
mes jeux de société •	• il
ton lapin nain •	• elle
ses lunettes de vue •	• ils
ma collection de cartes •	• elles
mes écouteurs •	

Observe bien le genre (masculin/féminin) et le nombre (singulier/pluriel) de chaque nom.

4 Trouve des groupes nominaux correspondant aux pronoms personnels suivants.

il → ....

nous → ....

elles → ....

vous → ....

ils → ....

elle → ....

Je sais faire

5 Dans les phrases suivantes, souligne le sujet et remplace-le par un pronom personnel.

Les coquelicots poussent dans les champs.

→ ....

L'oiseau se pose sur une branche.

→ ....

Manon part à l'école à pied chaque matin.

→ ....

6 Dans les phrases suivantes, remplace le sujet, en gras, par un pronom personnel au pluriel.

La maîtresse arrive à l'école.

→ .... arrivent à l'école.

Nathan écoute un podcast.

→ .... écoutent un podcast.

J'apprends à accorder correctement le sujet et le verbe

J'observe

La gymnaste gagne la compétition.

Les sportifs remportent la course.

Je retiens l'essentiel

- **Dans la phrase, le sujet et le verbe s'accordent. Le sujet commande le verbe.** Le verbe change donc de **terminaison** en fonction de qui fait l'action.

  Exemple : Inès marche. → Inès et sa sœur marchent.
- Pour accorder le verbe, tu dois donc d'abord **trouver le sujet**.

Pour aller plus loin

Pour t'aider à retrouver la bonne terminaison du verbe, **tu peux remplacer le sujet par un pronom personnel** car, quand tu apprends tes conjugaisons, tu utilises les pronoms **je, tu, il/elle/on, nous, vous ils/elles**.

Je vérifie que j'ai bien compris

Complète la phrase ci-dessous avec le pronom personnel sujet qui convient.

La nageuse termine première du classement.

.... est la meilleure.

Je manipule

1 Relie le pronom personnel sujet au verbe correspondant, comme dans l'exemple.

les acrobates •	• picorent
la coccinelle •	• surveille
les tourterelles •	• voltigent
les champignons •	• s'envole
le maître-nageur •	• poussent
les hérissons •	• se blottissent

2 Colorie le pronom personnel qui correspond au sujet.

Les clowns { Ils / Elles }

L'instituteur { Il / Elles }

Le cuisinier { Il / Elles }

Exercices

Je m'entraîne

3 Entoure le verbe qui correspond au sujet de chaque phrase ci-dessous.

- Mamie *prépare / préparent* de la compote.
- Les oiseaux se *pose / posent* sur une branche.
- Le train *arrive / arrivent* en retard.
- Les voitures *roule / roulent* lentement.
- La journée *dure / durent* 24 heures.
- Manon et Jules *joue / jouent* dans le jardin.

4 Dans les phrases suivantes, souligne le sujet en bleu et entoure le verbe en rouge.

- Ninon saute dans sa bouée.
- Les joueurs courent sur le terrain.
- L'hiver arrive à grands pas.
- Le petit garçon aime la confiture.

5 Dans les phrases suivantes, ajoute la terminaison -nt quand le sujet est au pluriel.

- Milo fabrique......... une cabane dans son jardin.
- Les enfants achète......... du pop-corn.
- Le cheval et le cochon habite......... à la ferme.
- Les étoiles brille......... dans le ciel.
- Le camion s'arrête......... au bord de la route.

Je sais faire

6 Réécris les phrases suivantes au pluriel.

La girafe mange des feuilles d'acacia.

→ ....

La tortue nage dans la mer.

→ ....

L'arbre pousse lentement.

→ ....

La fusée décolle dans l'espace.

→ ....

LEÇON 11 J'apprends à conjuguer les verbes du 1er groupe au présent

J'observe

Passé	Présent	Futur
Je révisais ma leçon.	Je révise ma leçon.	Je réviserai ma leçon.

Je retiens l'essentiel

- Conjuguer un **verbe**, c'est lui faire **changer de forme selon le temps et la personne**.
- Au présent, **l'action a lieu maintenant**, au moment où l'on parle.
- Les verbes du 1er groupe sont ceux dont **l'infinitif se termine en -er**. Pour trouver le radical d'un verbe du 1er groupe, tu enlèves **-er**.

  Exemples : parler → radical = parl- ; chanter → radical = chant-
- Pour conjuguer un verbe du 1er groupe au présent, tu ajoutes au radical **les terminaisons suivantes : *-e, -es, -e, -ons, -ez, -ent***.

Jouer
Je joue
Tu joues
Il/Elle/On joue
Nous jouons
Vous jouez
Ils/Elles jouent

Je vérifie que j'ai bien compris

Conjugue le verbe ci-contre au présent.

Chanter	
Je chant....	Nous chant....
Tu chant....	Vous chant....
Il/Elle/On chant....	Ils/Elles chant....

Je manipule

1 Relie le sujet au verbe correspondant.

Je •	• vole
L'avion •	• voles
Nous •	• volons
Tu •	• volez
Les abeilles •	• volent
Vous •	

Je m'entraîne

2 **Choisis le pronom personnel sujet correspondant aux verbes suivants.**

- .... jouons
- .... chantez
- .... bâille
- .... rigolent
- .... plantons
- .... nouent
- .... parlez
- .... danse

3 **Complète les phrases suivantes avec le verbe parler conjugué au présent.**

- Le perroquet .... sans arrêt.
- Tu .... avec ton frère.
- Je .... de mon match de foot à mes amis.
- Il .... à sa grand-mère.
- Elles .... de leur métier avec passion.

4 **Dans les phrases suivantes, entoure le verbe avec la bonne terminaison au présent.**

- Je *marche* / *marchent* dans la rue.
- Nous *plie* / *plions* le linge.
- Elles *changes* / *changent* de lunettes.
- Tu *porte* / *portes* des cartons.
- Il *regarde* / *regardes* la télévision.
- Vous *jouons* / *jouez* de la guitare.

Je sais faire

5 **Complète les phrases suivantes en conjuguant le verbe entre parenthèses au présent.**

- Je .... (*lacer*) mes chaussures.
- Nous .... (*jongler*) avec des balles.
- Tu .... (*adorer*) lire des mangas.
- Il .... (*goûter*) la confiture de cerises.

6 **Réécris les phrases suivantes en remplaçant chaque pronom par celui indiqué.**

Nous cherchons un trésor. → Je cherche un trésor.

Tu marches sur le sable. → Elle ....

Ils roulent avec un vélo. → Tu ....

Elle passe la carte à son voisin. → Ils ....

Vous écoutez de la musique. → Nous ....

LEÇON 12

J'apprends à conjuguer les verbes être et avoir au présent

J'observe

Maintenant, je suis dans ma chambre.

En ce moment, j'ai de la chance.

Je retiens l'essentiel

- Certains verbes ont des conjugaisons irrégulières avec des changements importants d'une personne à l'autre. Parfois, il est impossible de reconnaître la forme du verbe car le radical, lui-même, est transformé.
- Il te faut donc apprendre les conjugaisons de ces verbes par cœur, comme celles des verbes être et avoir.

Être	Avoir
Je suis	J'ai
Tu es	Tu as
Il/Elle/On est	Il/Elle/On a
Nous sommes	Nous avons
Vous êtes	Vous avez
Ils/Elles sont	Ils/Elles ont

Je vérifie que j'ai bien compris

Complète les phrases suivantes avec le verbe être ou avoir conjugué correctement.

J'.................. un petit frère.

Nous .... sages.

Je manipule

1 Dans les phrases suivantes, colorie le verbe qui convient.

Le soleil .... levé.

est | a | sont

Les magasins .... ouverts.

avons | sont | est

Exercices

Je m'entraîne

2 Relie chaque sujet au verbe qui convient.

	• ai
Le pompier •	• as
Je •	• a
Tu •	• suis
Elle •	• es
La poupée •	• est
Nous •	• sommes
Les enfants •	• sont
	• ont

3 Complète les phrases suivantes avec le pronom personnel sujet manquant.

- …………… es malade.
- …………… avons de la chance.
- …………… ont de belles robes.
- …………… suis maladroit.
- …………… sommes fatigués.
- …………… est très gentil.

Je sais faire

4 Complète les phrases suivantes avec le verbe être ou avoir conjugué au présent.

- Je ……………… chez ma mamie.
- Vous ……………… dans le bus.
- Elles ……………… un bouquet de fleurs.
- Tu ……………… un ticket de cinéma.

5 Réécris les phrases suivantes en remplaçant chaque pronom personnel sujet par celui indiqué.

Nous sommes en vacances.

→ Ils ……………………………………………………………………………

J'ai bonne mine.

→ Tu ……………………………………………………………………………

Vous avez une voiture.

→ Elle ……………………………………………………………………………

Tu es sur la bonne voie.

→ Nous ……………………………………………………………………………

Ils ont chaud !

→ J'……………………………………………………………………………

LEÇON 13 J'apprends à conjuguer les verbes du 1er groupe au futur

J'observe

Passé	Présent	Futur
Je rigolais avec mes amies.	Je rigole avec mes amies.	Je rigolerai avec mes amies.

Je retiens l'essentiel

- Au futur, les verbes désignent des **actions qui ne se sont pas encore produites** et qui auront lieu dans **l'avenir**.
- Pour conjuguer un verbe du 1er groupe au futur, **tu prends le verbe à l'infinitif et tu ajoutes les terminaisons du futur : -ai, -as, -a, -ons, -ez, -ont**.

Parler
Je parler**ai**
Tu parler**as**
Il/Elle/On parler**a**
Nous parler**ons**
Vous parler**ez**
Ils/Elles parler**ont**

Pour aller plus loin

Attention ! À la première personne du singulier, tu ne dois pas confondre les terminaisons de l'imparfait et du futur. À l'imparfait, tu utilises **-ais**. Pour le futur, tu utilises **-ai**.

Exemple : Hier, je mangeais.
Demain, je mangerai.

Je vérifie que j'ai bien compris

Conjugue le verbe ci-dessous au futur.

Chanter	
Je chanter....	Nous chanter....
Tu chanter....	Vous chanter....
Il/Elle/On chanter....	Ils/Elles chanter....

Je manipule

1 **Relie le sujet au verbe correspondant.**

Nous •	• jouerai
Je •	• joueras
Ils •	• jouera
Vous •	• jouerons
Tu •	• jouerez
Elles •	• joueront
Elle •	

Exercices

Je m'entraîne

2 Dans les phrases suivantes, entoure la conjugaison du verbe au futur qui convient.

- Nous *éclairera / éclairerons* le chemin.
- Elle s'*arrêterai / s'arrêtera* au feu tricolore.
- Je m'*allongerai / m'allongerez* sur le canapé.
- Ils *chanterons / chanteront* à la chorale.
- Vous *jouerai / jouerez* de la harpe.

3 Complète les phrases suivantes avec le pronom personnel sujet qui convient.

- .... commencera son tour de magie.
- .... volerons au-dessus des montagnes.
- .... partagerai ma pizza.
- .... téléphonerez à votre grand-mère.
- .... joueront à un jeu de cartes.
- .... jongleras avec des balles.

4 Complète les phrases suivantes avec le verbe parler conjugué au futur.

- Je .... plusieurs langues.
- Nous .... à notre maîtresse.
- Vous .... de vos animaux.
- Eliot .... doucement.
- Elles .... à leur voisin.
- Tu .... de ta passion.

Je sais faire

5 Complète les phrases suivantes en conjuguant le verbe entre parenthèses au futur.

- Nous .... (*réciter*) notre poésie.
- Je .... (*rentrer*) chez moi.
- Elle .... (*clouer*) une planche.
- Tu .... (*regarder*) un tableau.
- Vous .... (*accompagner*) votre grand-père au cinéma.

6 Réécris les phrases suivantes au futur avec le pronom personnel sujet indiqué.

Je m'éloigne du jardin. → Nous ....

Nous filons à toute vitesse. → Vous ....

Elles observent les insectes. → Tu ....

Il dessine très bien. → Je ....

Tu écoutes de la musique. → Il ....

Vous roulez dans l'herbe. → Elles ....

Pense à modifier **la terminaison** des verbes !

LEÇON 14 J'apprends à conjuguer les verbes être et avoir au futur

J'observe

Tu **auras** ta première médaille la semaine prochaine.

Elles **seront** en vacances dans quelques mois.

Je retiens l'essentiel

- Les conjugaisons des **verbes être et avoir au futur** sont très **différentes de l'infinitif**.
- Cependant, on observe des similarités d'une personne à l'autre avec un **même radical** : **ser-** pour **être** et **aur-** pour **avoir**. Après ce radical, on ajoute les **terminaisons du futur : -ai, -as, -a, -ons, -ez, -ont.**

Être	Avoir
Je serai	J'aurai
Tu seras	Tu auras
Il/Elle/On sera	Il/Elle/On aura
Nous serons	Nous aurons
Vous serez	Vous aurez
Ils/Elles seront	Ils/Elles auront

Pour aller plus loin

Tu dois apprendre par cœur la conjugaison au futur des verbes **être** et **avoir**. Il en sera de même pour les verbes du 3e groupe, dont le radical change également.

Exemple : savoir → saur-
venir → viendr-

Je vérifie que j'ai bien compris

Complète les phrases suivantes avec le verbe être ou avoir conjugué correctement.

Je .... courageuse.

Vous .... un cadeau.

Je manipule

1 Dans les phrases suivantes, colorie la bonne conjugaison du verbe.

La neige ....tombée.

sera — seront — seras

L'avion..........décollé demain.

aurai — aurons — aura

Je m'entraîne

2 Relie le sujet avec le verbe au futur correspondant.

Je •	• seras
Tu •	• seront
Il •	• serai
Nous •	• aura
Vous •	• aurons
Elles •	• aurai
	• aurez

3 Complète chaque phrase suivante avec le pronom qui convient.

- .... aura de la chance.
- .... seras terrifiant.
- .... auront un vaccin.
- .... serez en vacances.
- .... serai jaloux.
- .... aurons des chaussures de sport.
- .... sera un champion.

4 Complète chaque phrase suivante avec le verbe être ou avoir au futur.

- Ils .... un problème.
- Tu .... dans le jardin.
- Je .... sur le lac.
- Elle .... à la gare.
- Nous .... surpris.
- Il .... beaucoup de travail.
- Vous .... froid.

Je sais faire

5 Réécris les phrases suivantes au futur.

Je suis fatigué de ma journée au parc.

→ ....

Nous avons un ordinateur pour faire l'exposé.

→ ....

Elles sont au bord de la piscine.

→ ....

6 Réécris les phrases suivantes avec le pronom indiqué.

Vous serez fiers. → Tu ....

Il aura des remords. → Elles ....

Elles seront loin. → Je ....

Je serai attentif. → Vous ....

Nous aurons soif. → Tu ....

LEÇON 15

J'apprends à conjuguer les verbes du 1er groupe et être/avoir à l'imparfait

J'observe

Passé	Présent	Futur
Je dégustais un cookie.	Je déguste un cookie.	Je dégusterai un cookie.

Je retiens l'essentiel

- On utilise **l'imparfait** pour parler d'une **action passée** qui dure ou qui se répète, ou pour une **description**.
- Pour conjuguer les verbes du **1er groupe à l'imparfait**, tu prends le **radical** et tu ajoutes **les terminaisons suivantes : -ais, -ais, -ait, -ions, -iez, -aient**.
- Pour l'imparfait des verbes **être** et **avoir**, il faut **garder le radical av- et êt-** et ajouter les **terminaisons suivantes : -ais, -ais, -ait, -ions, -iez, -aient**.

Habiter
J'habitais
Tu habitais
Il/Elle/On habitait
Nous habitions
Vous habitiez
Ils/Elles habitaient

Avoir		Être	
J'avais	Nous avions	J'étais	Nous étions
Tu avais	Vous aviez	Tu étais	Vous étiez
Il/Elle/On avait	Ils/Elles avaient	Il/Elle/On était	Ils/Elles étaient

Je vérifie que j'ai bien compris

Conjugue le verbe ci-dessous à l'imparfait.

Aimer
J'aim....
Tu aim....
Il/Elle/On aim...
Nous aim....
Vous aim....
Ils/Elles aim....

Je manipule

1 Colorie les verbes conjugués à l'imparfait ci-dessous.

je discute — ils mangeaient

vous regardiez — nous discutions

nous jonglions — je jongle

il dégustera — vous marcherez

nous dégustions

Exercices

Je m'entraîne

2 Relie le pronom au verbe conjugué correspondant.

Je •	• aviez
Tu •	• parlaient
Il •	• parlais
Nous •	• étaient
Vous •	• sautions
Elles •	• avait

3 Trouve le pronom personnel correspondant au verbe conjugué.

- .... grondiez
- .... avaient
- .... arrosiez
- .... plantait
- .... regardais
- .... étiez
- .... dansait
- .... parlais
- .... cuisinaient

4 Complète les phrases par le verbe jouer conjugué à l'imparfait.

- Je .... aux cartes avec mamie.
- Ils .... aux cowboys et aux Indiens.
- Elle .... avec ses cousines.
- Vous .... à la corde à sauter.

Je sais faire

5 Complète les phrases en conjuguant le verbe entre parenthèses à l'imparfait.

- Il .... (*se placer*) toujours tout en haut de la salle de cinéma.
- Nous .... (*parler*) à notre voisin au coucher du soleil.
- Je .... (*essayer*) un nouvel habit dans une cabine d'essayage.
- Elles .... (*gronder*) tout le temps leur frère qui faisait des bêtises.
- Vous .... (*creuser*) un trou pour enterrer une capsule temporelle.
- Tu .... (*effacer*) constamment ton ardoise avec ta manche.

6 Réécris les phrases suivantes à l'imparfait, comme dans l'exemple.

Papi se promène dans le parc.

→ Papi se promenait dans le parc.

Nous habitons dans cette ville.

→ ....

Les vacanciers mangent des plats italiens.

→ ....

J'apprends à conjuguer les verbes du 1er groupe au passé composé

J'observe

Passé	Présent	Futur
J'ai observé le tableau.	J'observe le tableau.	J'observerai le tableau.

Je retiens l'essentiel

- Le **passé composé** est un temps composé du passé : il est formé de **l'auxiliaire être ou avoir au présent et du participe passé du verbe**.

Sauter	Tomber
J'ai sauté	Je suis tombé(e)
Tu as sauté	Tu es tombé(e)
Il/Elle/On a sauté	Il/Elle/On est tombé(e)
Nous avons sauté	Nous sommes tombé(e)s
Vous avez sauté	Vous êtes tombé(e)s
Ils/Elles ont sauté	Ils/Elles sont tombé(e)s

- **Le participe passé** des verbes du 1er groupe se termine **en -é**. Exemple : j'ai chanté.

Pour aller plus loin

Lorsqu'il est employé **avec l'auxiliaire être**, le participe passé s'accorde **en genre et en nombre avec le sujet. Avec l'auxiliaire avoir, il n'y a pas d'accord en genre et en nombre**, sauf dans **certains cas particuliers** que tu verras plus tard.

Exemples : Elles sont captivées.
Elles ont adoré.

Je vérifie que j'ai bien compris

Conjugue le verbe manger au passé composé dans la phrase ci-dessous.

Hier, j'.................. une pomme pour le goûter.

Je manipule

1 Entoure les verbes conjugués au passé composé dans le texte suivant.

À la rentrée scolaire, j'ai rencontré mon meilleur ami. La maîtresse a placé les élèves dans la classe et j'ai eu la chance d'être assis à côté de lui. Tous les jours, elle propose des activités sympathiques. J'aime travailler avec mes camarades.

Exercices

Je m'entraîne

2 Relie les verbes à l'infinitif ci-dessous à leur participe passé.

aimer •	• travaillé
dessiner •	• dessiné
travailler •	• aimé

3 Conjugue les verbes suivants entre parenthèses au passé composé.

- J'(*acheter*)..
- Ils (*masser*) ....
- Nous (*jouer*) ....
- Vous (*nager*) ....

4 Complète les phrases en conjuguant les verbes entre parenthèses au passé composé.

- Nous (*manger*) .... des brocolis.
- Mes parents (*préparer*) .... le repas.
- J'(*adorer*) .... ce film d'action.
- Il (*conjuguer*) .... les verbes.

Je sais faire

5 Dans le texte suivant, complète les participes passés des verbes. Pense à faire les accords en genre et en nombre avec le sujet si nécessaire.

Marie a déménag......... le week-end dernier. Les parents ont aid......... leur fille à faire les cartons. Les meubles sont install......... dans l'appartement. Son grand frère a port......... les cartons. Ses fleurs sont pos......... près de la fenêtre. En fin de journée, ses amies sont pass......... la voir.

Souviens-toi !
Le participe passé employé avec l'auxiliaire être s'accorde toujours avec le sujet.

6 Réécris le texte suivant en conjuguant les verbes au passé composé.

Je préfère aller en vacances au bord de la mer. J'aime manger des crêpes. Je ramasse les coquillages car je les collectionne. Je rigole aux blagues de mon grand frère. J'envoie des cartes postales à mes copines.

....

....

....

....

LEÇON 17

Je révise l'ordre alphabétique

Vocabulaire

J'observe

A	B	C	D	E	F	G	H	I	J	K	L	M
N	O	P	Q	R	S	T	U	V	W	X	Y	Z

Je retiens l'essentiel

- Pour écrire, en français, on utilise **l'alphabet** qui se compose de **26 lettres** : **20 consonnes** et **6 voyelles** (voir ci-dessus).
- Ranger des mots dans l'**ordre alphabétique**, c'est les ranger dans **l'ordre de l'alphabet** suivant les premières lettres du mot.

Exemples : arbre • tronc • fleur

→ arbre • fleur • tronc

D'abord vient le A, puis le F puis enfin le T.

coquelicot • cheminée • chien

Les premières lettres sont identiques. Il faut donc comparer les suivantes.

→ cheminée • chien • coquelicot

Pour aller plus loin

Il est important de connaître l'ordre alphabétique pour **chercher la définition d'un mot dans le dictionnaire**. Tu peux regarder la leçon 18.

Je vérifie que j'ai bien compris

Écris les lettres de l'alphabet manquantes sans regarder la leçon ci-dessus.

A .... C D E .... G H .... J .... M N ....
P .... S T .... W ..... Y Z

Je manipule

1 Relie chaque mot à la lettre de l'alphabet par laquelle il commence.

torchon • grille-pain • entonnoir • casserole • marmite • poêle • rouleau • assiette

A	B	C	D	E	F	G	H	I	J	K	L	M	N	O	P	Q	R	S	T	U	V	W	X	Y	Z

2 Réécris les mots de la liste ci-dessus dans l'ordre alphabétique.

....

....

Je m'entraîne

3 **Replace les lettres suivantes dans l'ordre alphabétique.**

G • P • M • A → ....

O • S • T • B → ....

C • H • A • T → ....

4 **Classe les mots suivants dans l'ordre alphabétique en les numérotant de 1 à 15.**

huile	.....	vinaigre	.....	moutarde	.....	sel	.....	poivre	.....
koala	.....	panda	.....	suricate	.....	ours	.....	hibou	.....
pull	.....	manteau	.....	écharpe	.....	bonnet	.....	gants	.....

Je sais faire

5 **Réécris les mots suivants dans l'ordre alphabétique.**

voiture • moto • bateau • bicyclette • hélicoptère • tramway

....

....

cyclisme • course • claquettes • cross • canoë • char

....

....

montagne • marécage • minuit • muet • myrtille • mercredi

....

....

Regarde **la première lettre de chaque mot**. Si elles sont identiques, **regarde la deuxième lettre**, etc.

6 **Sur chaque ligne, entoure le premier mot en bleu et le dernier mot en vert, en suivant l'ordre alphabétique.**

ours • olive • offrir• omelette • ovale • otarie

bateau • bouée • bise • bécasse • but • barrette

abricot • avion • agrume • article • apnée • amuser

igloo • île • immobile • isolé • idée • iguane

LEÇON 18

J'apprends à utiliser un dictionnaire et à repérer le sens propre et figuré

J'observe

Mot (ou entrée du dictionnaire

Définition

Classe grammaticale et genre

école n.f. ❶ Établissement d'enseignement général. *Je vais à l'école primaire.* ❷ Établissement d'enseignement spécialisé. *J'apprends le piano dans une école de musique.*

Exemple

Différents sens du mot

Je retiens l'essentiel

- Le dictionnaire permet de trouver la **définition** d'un mot, son **orthographe**, sa **classe grammaticale** (verbe, nom commun, adjectif) et son **genre** (féminin, masculin). Dans un dictionnaire, les mots sont rangés dans l'**ordre alphabétique**.
- Pour trouver un verbe, il faut **chercher son infinitif**.
- Un mot peut avoir **plusieurs sens** selon le contexte ou son genre grammatical.
  Exemple : la feuille de l'arbre / la feuille de papier
- Certains mots ont un **sens concret** (sens propre) et un **sens imagé** (sens figuré).
  Exemples : Il dévore son sandwich. → sens propre (il mange).
  Il dévore des mangas. → sens figuré (il lit beaucoup).

Je vérifie que j'ai bien compris

Complète cet extrait du dictionnaire avec les mots suivants : **mot, définition, synonyme, classe grammaticale, exemple.**

....

livre n.m. Assemblage de feuilles imprimées, réunies et protégées par une couverture. *Quentin lit un livre sur les volcans.* SYN. **ouvrage.** *As-tu ton livre de géographie ?* SYN. **manuel.**

....

Je manipule

❶ À l'aide d'un dictionnaire, coche la bonne réponse.

	Vrai	Faux
Le mot *littérature* est placé avant le mot *lion*.	☐	☐
Le mot *arbre* est placé après le mot *arbitre*.	☐	☐
Le mot *bille* est placé avant le mot *billet*.	☐	☐

Exercices

Je m'entraîne

2 **Cherche dans le dictionnaire le sens des mots suivants. Précise s'il s'agit d'un meuble, d'une plante, d'un animal ou d'un métier.**

- chaise : ....
- girafe : ....
- boulanger : ....
- jonquille : ....

3 **À l'aide du dictionnaire, indique la classe grammaticale (nom, adjectif, verbe…) et le genre (masculin, féminin) des mots suivants.**

- Champignon

→ Classe grammaticale : ....

→ Genre : ....

- Adroit

→ Classe grammaticale : ....

→ Genre : ....

- Péniche

→ Classe grammaticale : ....

→ Genre : ....

4 **À l'aide d'un dictionnaire, trouve les deux sens différents des mots ci-dessous, selon leur genre (masculin ou féminin).**

- un moule → ....

  une moule → ....

- un vase → ....

  la vase → ....

- le rose → ....

  la rose → ....

Je sais faire

5 **Trouve le sens du mot souligné en fonction du contexte de la phrase. Indique s'il s'agit d'un fruit ou d'un métier et précise quels indices t'ont permis de répondre.**

L'<u>avocat</u> prépare son intervention devant le tribunal.

→ ....

J'ai besoin d'un <u>avocat</u> pour préparer ma salade.

→ ....

Je distingue synonymes/antonymes et je repère les niveaux de langue

J'observe

Synonymes : drôle = comique, divertissant, marrant.

Antonymes : drôle ≠ triste, morne, cafardeux.

Je retiens l'essentiel

- Les **synonymes** sont des mots qui ont des **sens proches.** Ils permettent d'**éviter les répétitions** à l'oral ou à l'écrit ou de **définir un mot** qui a la même signification.
- Les **antonymes** sont des mots qui ont des **sens contraires**.
- Les synonymes ou les antonymes ont la **même nature** : le synonyme ou l'antonyme d'un nom est un autre nom, le synonyme ou l'antonyme d'un verbe est un autre verbe, le synonyme ou l'antonyme d'un adjectif est un autre adjectif.
- Il existe **trois niveaux de langue** : **courant**, **soutenu**, **familier**.

Exemple : Mon frère se cache dans la maison. → courant
Mon aîné se dissimule dans la demeure. → soutenu
Mon frangin se planque dans la baraque. → familier

Pour aller plus loin

Pour trouver certains antonymes, ajouter **un préfixe** est nécessaire.

im- : parfait → **im**parfait

dé- : faire → **dé**faire

mal- : honnête → **mal**honnête

Je vérifie que j'ai bien compris

Indique si les paires de mots suivants sont des synonymes ou des antonymes.

	synonymes	antonymes
• *froid* et *chaud*	☐	☐
• *manger* et *déguster*	☐	☐
• *petit* et *minuscule*	☐	☐

Je manipule

1 Trouve un synonyme et un antonyme pour chacun des mots suivants.

joli = ... ≠ ....

ouvrir = ... ≠ ....

fort = ... ≠ ....

2 Indique le niveau de langue des mots soulignés dans les phrases suivantes.

	courant	familier	soutenu
• Vincent a garé <u>sa voiture</u>.	☐	☐	☐
• Papi a changé <u>sa bagnole</u>.	☐	☐	☐
• <u>L'automobile</u> est spacieuse.	☐	☐	☐

Exercices

Je m'entraîne

3 Relie les synonymes entre eux.

sauter •	• calme
hurler •	• navire
tranquille •	• crier
bateau •	• bondir

4 Relie les antonymes entre eux.

grand •	• droite
méchanceté •	• petit
gauche •	• gentillesse
long •	• court
tirer •	• pousser

5 Classe les mots de chaque ligne selon leur niveau de langue.

godasse • soulier • chaussure

dissimuler • cacher • planquer

abîmer • détériorer • esquinter

Niveau familier	Niveau courant	Niveau soutenu
....	....	....
....	....	....
....	....	....

6 Colorie de la même couleur les paires de synonymes.

une voiture | un magasin | une boutique | heureux

monter | joyeux | une automobile | grimper

7 Barre l'intrus dans chacune des listes suivantes.

perdre • gagner • réussir • triompher • remporter

riche • fortuné • aisé • pauvre • privilégié

joli • laid • beau • magnifique • somptueux

8 Remplace les mots entre parenthèses par des synonymes.

J'aimerais construire une (*petite*) .... cabane dans un arbre avec mon meilleur (*ami*) ....
J'ai (*commencé*) .... les plans.
J'espère qu'elle sera (*finie*) .... (*au début*) .... des vacances.

LEÇON 20

J'identifie les familles de mots

J'observe

chant / chant**eur** / chant**euse** / chant**er**

Je retiens l'essentiel

- Une **famille de mots** est un ensemble de termes ayant des sens proches, évoquant la même idée.
- Les mots de la même famille sont construits à partir d'une **racine commune**, appelée **radical**. On la retrouve dans tous les mots appartenant à une même famille.

Pour aller plus loin

Attention à **certains intrus** :
terre / terrestre / terreau ne sont pas de la même famille que *terroriser / terreur*.

Je vérifie que j'ai bien compris

Relie les mots de la même famille que art.

art •

- • artisan
- • arbitre
- • artisanal
- • artiste
- • artifice
- • article

Je manipule

1 Relie entre eux les mots de la même famille.

chocolat •	• sucre
sucrerie •	• savonner
chaud •	• encourager
savon •	• chocolatier
goûter •	• terrestre
courage •	• chaudement
terre •	• dégoûtant

2 Souligne le radical commun dans ces familles de mots.

laitage • laitier • allaiter • laiterie

plante • planteur • planter • plantoir • plantation • replanter

Exercices

Je m'entraîne

3 Barre l'intrus dans chacune des listes suivantes.

neige • enneiger • flocon • déneiger

soleil • solaire • parasol • solide

fleuve • fleuriste • fleur • fleuri

feuille • feuillu • feu • feuilleter

4 Complète les phrases suivantes avec les mots de la famille de dent.

- Je vais chez le .... une fois par an.
- Asma met du .... sur sa brosse à dents.
- Mon frère porte un appareil ....
- Mon grand-père porte un ....
- Il faut mettre sa .... sous l'oreiller pour la petite souris.

Je sais faire

5 Complète les phrases suivantes avec un mot de la même famille que le mot souligné.

- Le boulanger vend son pain à la ....
- Il se régale de gourmandises en tout genre. C'est un ....
- Le garagiste répare la voiture dans un ....
- Le renard et la renarde ont eu un bébé. C'est un ....
- Papi André fait de nouvelles plantations. Les .... se plaisent dans son jardin.

6 Trouve trois mots de la même famille que ceux proposés ci-dessous.

jardin → ....
....
....

jour → ....
....
....

monter → ....
....
....

J'apprends à lire avec fluidité

Qu'est-ce que la fluence ?

- Pour lire avec fluidité, tu dois être capable de **reconnaître rapidement les mots**, **leur signification et les regrouper en unités de sens**. Il faut être précis dans ton décodage pour éviter les erreurs lorsque tu lis à voix haute.
- **Repérer et reconnaître la ponctuation** est également indispensable pour adapter ton **intonation**, ton **rythme** et ainsi souligner **le sens d'un texte**.
- En CE1, tu dois être capable de lire **70 mots correctement en 1 minute**.

Le texte

- Demande à un adulte de lire l'extrait suivant. Puis essaie de lire à ton tour.

> Un jour, Sophie se promenait avec son cousin Paul dans le petit bois de chênes qui était tout près du château. Ils cherchaient tous deux des glands pour en faire des paniers, des sabots, des bateaux. Tout à coup, Sophie sentit un gland qui lui tombait sur le dos. […]
> Paul leva la tête et s'écria :
> « C'est un écureuil ! Je le vois. Il est tout en haut sur une branche. »
> La comtesse de Ségur, *Les Malheurs de Sophie* [1858], chap. XI, « L'écureuil », Hachette, 1929.

Je vérifie que j'ai bien compris

1 Quels sont les personnages mentionnés dans le texte ?

....

2 Où l'histoire se situe-t-elle ?

....

3 Entoure les éléments présents dans le texte.

a. 

b. 

c. 

4 Résume, en une phrase, l'extrait du texte.

....

....

Exercices

Je manipule

5 **Cherche dans le dictionnaire la définition des mots suivants, issus du texte.**

sabot → ....

....

gland → ....

....

6 **Trouve un synonyme pour chaque mot suivant, puis emploie-le dans une phrase qui en éclairera le sens.**

chêne → ....

....

château → ....

....

Je décode le texte pas à pas

7 **Barre les lettres muettes présentes dans le texte.**

8 **Entoure les signes de ponctuation.**

9 **Repère les unités de sens. Pour t'aider, trace des séparations pour t'indiquer les pauses de respiration dans le texte.**

Certains signes de ponctuation marquent une expression que tu devras rendre lors de ta lecture : un point d'interrogation indique une question, un point d'exclamation indique la surprise, la colère ou une autre émotion.

Défi !

10 **Relis le texte en te chronométrant et mettant le ton !**

Essai	Objectif fixé	Temps réalisé	Erreurs relevées
1	....	....	....
2	....	....	....
3	....	....	....

Coup de pouce

Tu peux imaginer les personnages dans ta tête, ainsi que le décor. Faire dérouler ce petit film dans ta tête t'aidera lors de ta lecture !

LEÇON 1 Je compte jusqu'à 69

J'observe

0	1	2	3	4	5	6	7	8	9
10	11	12	13	14	15	16	17	18	19
20	21	22	23	24	25	26	27	28	29
30	31	32	33	34	35	36	37	38	39
40	41	42	43	44	45	46	47	48	49
50	51	52	53	54	55	56	57	58	59
60	61	62	63	64	65	66	67	68	69

Je retiens l'essentiel

- Les nombres s'écrivent avec les **10 chiffres : 0, 1, 2, 3, 4, 5, 6, 7, 8, 9**.
- Tu peux écrire les **nombres en lettres : deux, huit, dix, dix-sept, vingt-cinq, trente-trois, quarante-six, cinquante-neuf**.
- Pour compter plus facilement un nombre d'objets, tu peux les **regrouper par paquets de 10**. Il s'agit d'une **dizaine (d)**. Une dizaine se compose de 10 **unités (u)**.

d	u
5	4

- Tu peux représenter les unités avec des **cubes**, et les dizaines avec des **bâtons**.

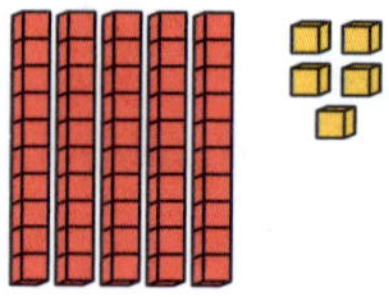

Exemple : 54 → = 5 bâtons de 10 cubes + 4 cubes = 5 dizaines + 4 unités

Je vérifie que j'ai bien compris

Dans 54, quel est le chiffre des dizaines ? Quel est le chiffre des unités ?

....

Je manipule

1 Compte les coccinelles en indiquant le nombre de dizaines et d'unités dans le tableau.

d	u

Exercices

Je m'entraîne

2 **Écris les nombres suivants en chiffres.**

Douze → ....

Trente-cinq → ....

Vingt-neuf → ....

3 **Écris les nombres suivants en lettres.**

41 → ....

17 → ....

13 → ....

Je sais faire

4 **Colorie le nombre de cubes demandé.**

27 | 34 | 56 | 43

5 **Relie entre elles les différentes écritures d'un même nombre.**

- 2d 4u
- 31
- 60 + 6
- 66
- 6d 6u
- 24
- 20 + 4
- 30 + 1
- 3d 1u

6 **Décompose les nombres suivants, comme dans l'exemple.**

52 = 50 + 2

48 = ...

36 = ...

23 = ...

15 = ...

Je sais résoudre un problème

7 Mon chiffre des unités est compris entre 4 et 6.
Mon chiffre des dizaines est identique à celui des unités.
Qui suis-je ?

Devinette

....

Je comprends l'addition et la soustraction

J'observe

Une addition

Une soustraction

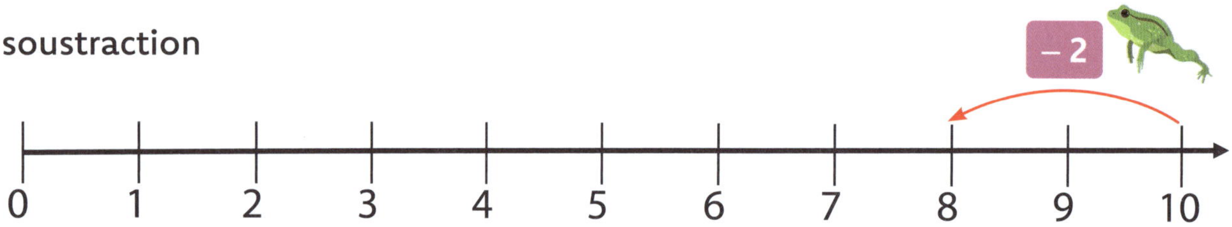

Je retiens l'essentiel

- Faire une **addition**, c'est **ajouter un nombre à un autre nombre**. Le résultat de cette opération s'appelle **la somme**. La somme est forcément plus grande que les deux nombres additionnés entre eux. Le signe de l'addition est + (qui se lit « **plus** »).
  Exemple : 2 + 2 = 4
- Faire une **soustraction**, c'est **retirer un nombre à un autre nombre**. Le résultat de cette opération s'appelle **la différence**. Tu obtiens toujours une quantité plus petite qu'au départ. Pour effectuer une soustraction, tu utilises le signe – (qui se lit « **moins** »).
  Exemple : 10 – 2 = 8

Je manipule

1 **Pour chaque ligne, identifie d'abord l'opération demandée. Puis indique le nombre de boutons en chiffres et calcule le résultat.**

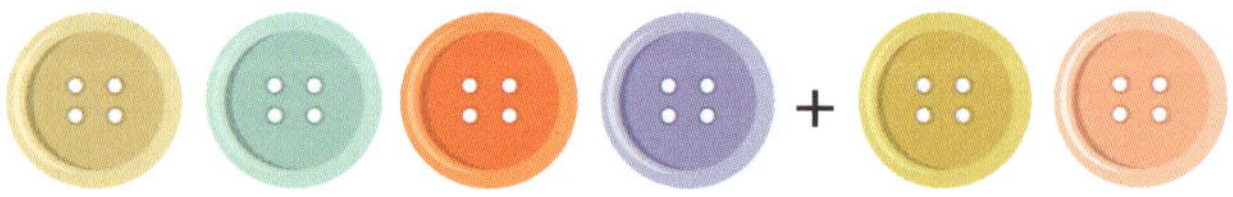

= ....

Il s'agit d'une ....

= ....

Il s'agit d'une ....

Exercices

Je m'entraîne

2 Calcule le résultat des opérations suivantes en faisant des bonds sur la droite numérique.

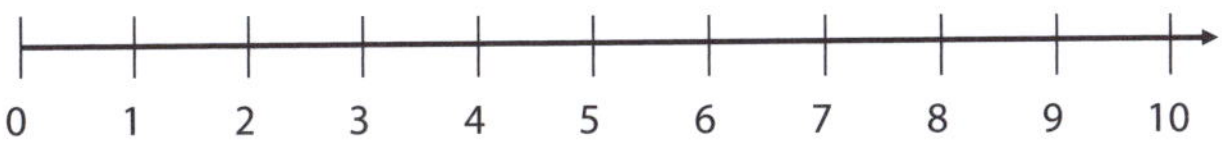

5 + 4 = ...

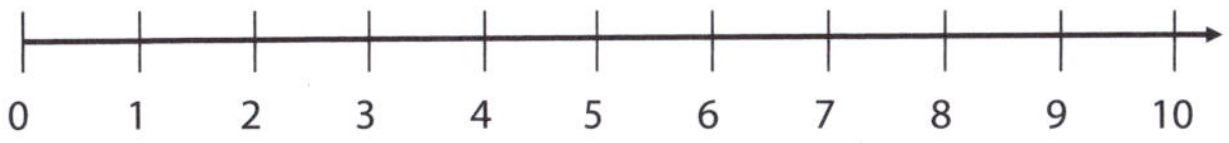

7 – 2 = ...

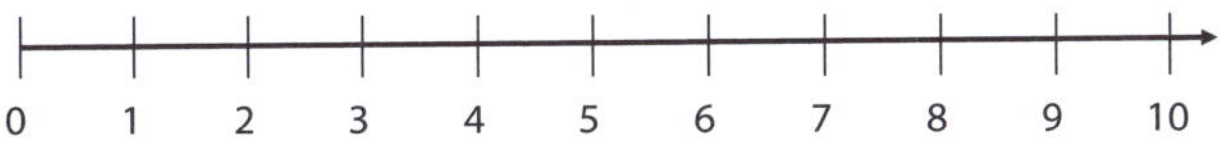

2 + 6 = ...

9 – 7 = ...

3 Calcule le résultat des opérations suivantes.

8 – 3 = ...
3 + 5 = ...
6 + 2 = ...

8 – 7 = ...
2 + 4 = ...
6 – 5 = ...

9 – 1 = ...
4 – 3 = ...
6 + 4 = ...

4 Utilise la bande numérique ci-dessous pour calculer les résultats des opérations suivantes.

1	2	3	4	5	6	7	8	9	10

8 + 2 = ...   6 – 3 = ...   10 – 9 = ...   1 + 7 + 2 = ...   8 – 5 – 2 = ...

Je sais faire

5 Trouve tous les calculs égaux à 7.

7 = ... + ...
7 = ... + ...
7 = ... + ...

7 = ... + ...
7 = ... + ...
7 = ... + ...

Je sais résoudre un problème

6 Auguste veut offrir des fleurs à sa maman. Le bouquet se compose de 7 fleurs : 2 sont bleues, les autres sont jaunes. Combien de fleurs jaunes composent le bouquet d'Auguste ?

....

LEÇON 3

Je compte jusqu'à 99

J'observe

0	1	2	3	4	5	6	7	8	9
10	11	12	13	14	15	16	17	18	19
20	21	22	23	24	25	26	27	28	29
30	31	32	33	34	35	36	37	38	39
40	41	42	43	44	45	46	47	48	49
50	51	52	53	54	55	56	57	58	59
60	61	62	63	64	65	66	67	68	69
70	71	72	73	74	75	76	77	78	79
80	81	82	83	84	85	86	87	88	89
90	91	92	93	94	95	96	97	98	99

Je retiens l'essentiel

- La famille du **60** (soixante), contient **6 dizaines**. La famille du **70** (soixante-dix) contient **7 dizaines**. La famille du **80** (quatre-vingts) contient **8 dizaines** et celle du **90** (quatre-vingt-dix) contient **9 dizaines**. Le nom de ces familles t'indique **la composition** de ces dizaines.

  Exemples : soixante-dix → 70 = 60 + 10 ; quatre-vingts → 80 = 20 + 20 + 20 + 20 ;
  quatre-vingt-dix → 90 = 80 + 10

- Pour décomposer les nombres, tu peux **représenter les unités avec des cubes et les dizaines avec des bâtons**. Tu peux aussi classer les chiffres dans un tableau.

  Exemple : 95 →

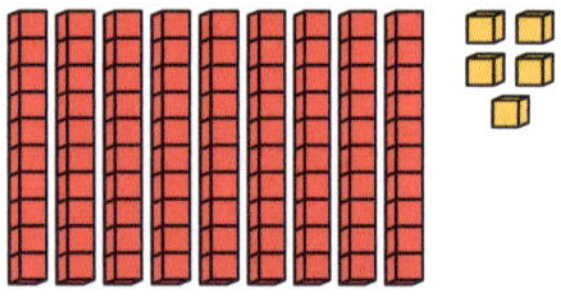

d	u
9	5

Je vérifie que j'ai bien compris

Dans 95, quel est le chiffre des dizaines ? Quel est le chiffre des unités ?

....

Je manipule

1 Écris les nombres correspondants aux représentations ci-dessous.

a. 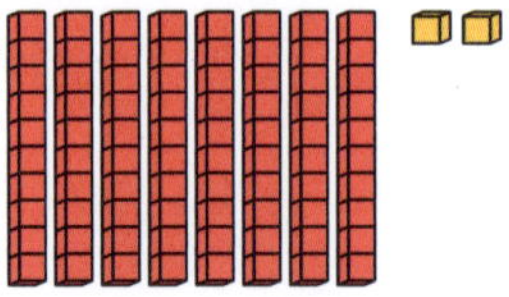 ....

b. 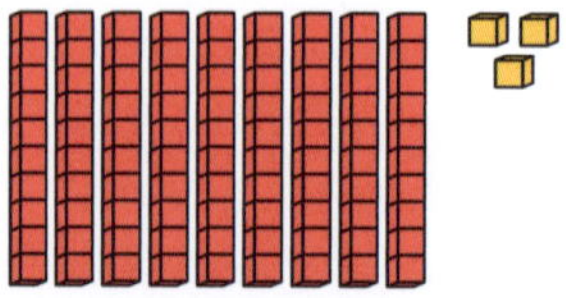 ....

Exercices

Je m'entraîne

2 Écris les nombres suivants en chiffres.

Soixante-douze → ....

Quatre-vingt-deux → ....

Seize → ....

Soixante-quatre → ....

3 Écris les nombres suivants en lettres.

74 → ....

63 → ....

77 → ....

52 → ....

4 Complète les frises numériques suivantes.

20	21	22	....	....	....	....	....

66	67	68	69	....	....	....	....

....	....	....	....	....	41	42	43

Je sais faire

5 Décompose les nombres suivants à l'aide des tableaux ci-dessous, comme dans l'exemple.

77

d	u
7	7

97

d	u

68

d	u

84

d	u

Je sais résoudre un problème

6 Romy a 85 timbres de collection qu'elle veut ranger dans des pochettes de 10 timbres. Combien de pochettes entières pourra-t-elle remplir ?

À toi de jouer

....

LEÇON 4

J'apprends à comparer des nombres

J'observe

Je retiens l'essentiel

- Comparer des nombres, c'est trouver **le plus petit** et **le plus grand**. Cela te permet de ranger les nombres dans l'ordre **croissant (du plus petit au plus grand)** ou **décroissant (du plus grand au plus petit)**.

La pointe est toujours tournée vers **le plus petit nombre**.

Un nombre à **trois chiffres** est toujours **plus grand** qu'un nombre à **deux chiffres**.

- Pour comparer des nombres, tu utilises **les signes > (plus grand que)**, **< (plus petit que)**, **= (égal à)**.
- Pour comparer des nombres, tu compares **le nombre de centaines**. S'il est égal, tu compares **le nombre de dizaines**, et s'il est égal, **le nombre d'unités**.

Exemples : 154 > 148 156 < 159

Je vérifie que j'ai bien compris

Complète les schémas ci-dessous avec les mots et les signes suivants : **croissant, décroissant, >, <.**

plus petit que
- signe ……………………
- ordre ……………………

plus grand que
- signe ……………………
- ordre ……………………

Je manipule

1 Compare les quantités suivantes en utilisant les signes < ou >.

a.  ………… 

b.  ………… 

Exercices

Je m'entraîne

2 Sur chaque ligne, entoure le plus petit nombre.

32 • 29 • 64 • 71 • 27 • 79 • 12

10 • 69 • 47 • 40 • 33 • 24 • 17

39 • 80 • 21 • 15 • 77 • 50 • 41

3 Compare les nombres suivants en utilisant les signes < ou >.

42 24
26 45

53 13
9 23

16 59
47 41

26 29
52 25

4 Range les nombres suivants dans l'ordre croissant.

52 • 18 • 36 • 25 • 48 • 39

.... < .... < .... < .... < .... < ....

5 Range les nombres suivants dans l'ordre décroissant.

197 • 169 • 178 • 189 • 175 • 193

.... > .... > .... > .... > .... > ....

Souviens-toi !
Ordre croissant = du plus petit au plus grand.
Ordre décroissant = du plus grand au plus petit.

Je sais faire

6 Compare les nombres suivants, à trois chiffres, en utilisant les signes < ou >.

654 .... 564 690 .... 700 821 .... 811 632 701

805 .... 850 462 .... 426 942 939

Je sais résoudre un problème

Devinette

7 Je suis un nombre pair de 3 chiffres.
Mon chiffre des centaines est plus grand que 5 et plus petit que 7.
Mon chiffre des dizaines est le résultat de la soustraction 4 – 2.
Mon chiffre des unités est le résultat de l'addition du chiffre des centaines avec le chiffre des dizaines.
Qui suis-je ?

....

LEÇON 5 J'apprends à calculer des additions (somme inférieure à 20)

J'observe

+	1	2	3	4	5	6	7	8	9
1	2	3	4	5	6	7	8	9	10
2	3	4	5	6	7	8	9	10	11
3	4	5	6	7	8	9	10	11	12
4	5	6	7	8	9	10	11	12	13
5	6	7	8	9	10	11	12	13	14
6	7	8	9	10	11	12	13	14	15
7	8	9	10	11	12	13	14	15	16
8	9	10	11	12	13	14	15	16	17
9	10	11	12	13	14	15	16	17	18

Je retiens l'essentiel

- Pour t'aider à additionner des nombres, tu peux **utiliser tes doigts, des dessins ou une droite numérique** pour visualiser les nombres et le calcul.
- Tu peux essayer de **connaître plusieurs additions par cœur, en t'aidant des compléments à 10 et des doubles** (*voir leçon 7*).
- Pour additionner, tu peux aussi t'aider de la soustraction.

Quand tu ajoutes 9, tu peux **ajouter 10 et soustraire 1**.
Quand tu ajoutes 8, tu peux **ajouter 10 et soustraire 2**.

Je vérifie que j'ai bien compris

Complète la droite numérique suivante.

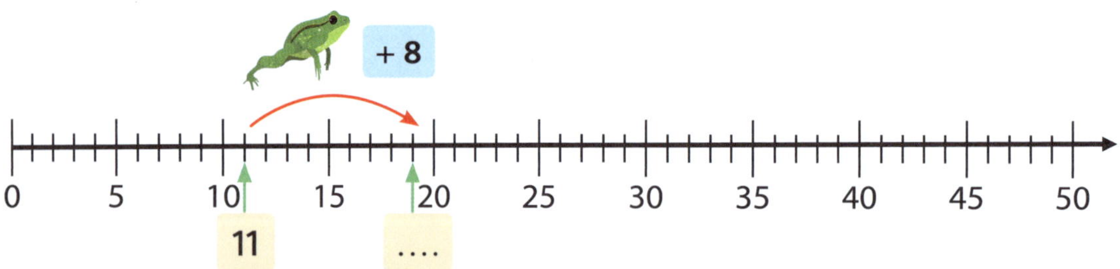

Je manipule

1 Calcule le résultat de l'opération suivante en faisant des bonds sur la droite numérique.

7 + 6 = ...

Exercices

Je m'entraîne

2 Calcule le résultat des opérations suivantes.

5 + 7 = ...

6 + 8 = ...

9 + 9 = ...

4 + 7 = ...

3 + 8 = ...

7 + 7 = ...

7 + 3 = ...

12 + 6 = ...

10 + 2 = ...

16 + 3 = ...

18 + 1 = ...

9 + 6 = ...

3 Relie entre elles les opérations qui ont le même résultat.

10 + 3 + 4 •	9 + 9 •	• 9 + 5 + 2
12 + 6 + 1 •	• 4 + 2 + 9	• 10 + 6

Je sais faire

4 Complète les opérations suivantes.

4 + ... = 11

8 + ... = 17

6 + ... = 15

5 + ... = 9

2 + ... = 8

9 + ... = 16

2 + ... = 20

6 + ... = 19

8 + ... = 15

Je sais résoudre un problème

5 Mohammed a 8 crayons de couleur et 7 feutres.
Combien de crayons et de feutres a-t-il en tout ?

....

LEÇON 6 J'apprends à calculer des soustractions (différence inférieure à 20)

J'observe

10 − 5 = 5

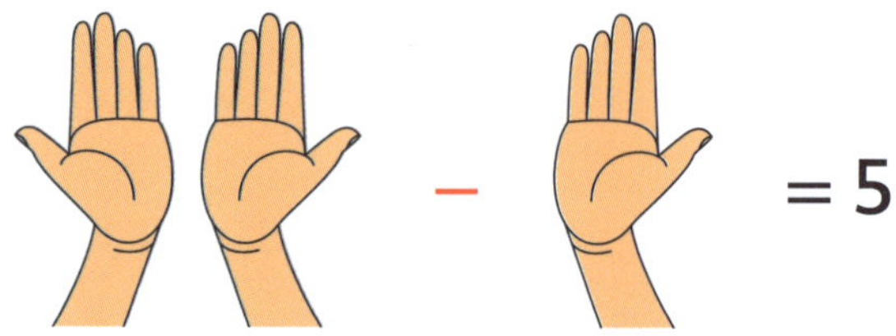

Je retiens l'essentiel

Quand tu retires **9** à une quantité, tu peux **soustraire 10 et ajouter 1**.

Quand tu retires **8** à une quantité, tu peux **soustraire 10 et ajouter 2**.

- Pour soustraire, tu peux utiliser **tes doigts, des dessins ou une droite numérique** pour visualiser les nombres et le calcul.
- Tu peux essayer de connaître plusieurs soustractions par cœur en t'aidant des compléments à 10 et des moitiés (*voir leçon 7*).

Enlever **1** à un nombre, c'est prendre **le nombre juste avant**.

Enlever **2** à un nombre, c'est prendre **deux nombres avant**.

Je vérifie que j'ai bien compris

Complète la droite numérique suivante.

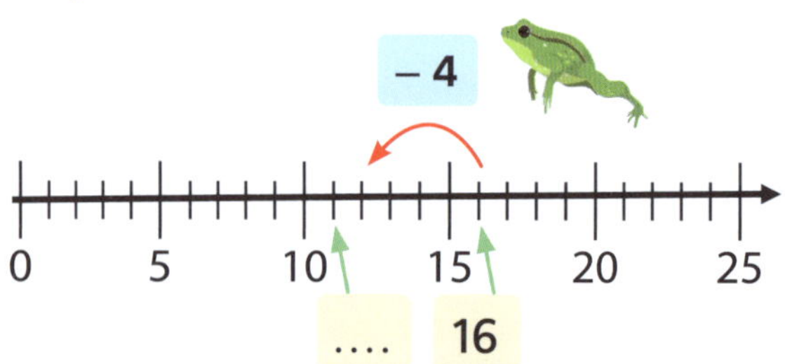

Je manipule

1 Barre les fruits nécessaires pour effectuer les calculs suivants.

7 – 3 = ...

9 – 4 = ...

Exercices

Je m'entraîne

2 Utilise la droite numérique pour effectuer les calculs suivants.

11 – 6 = ...

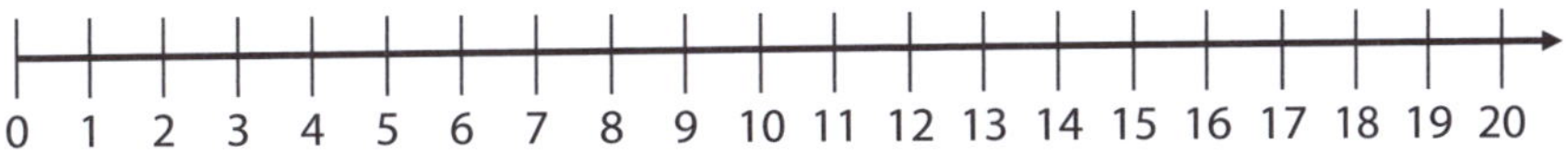

15 – 12 = ...

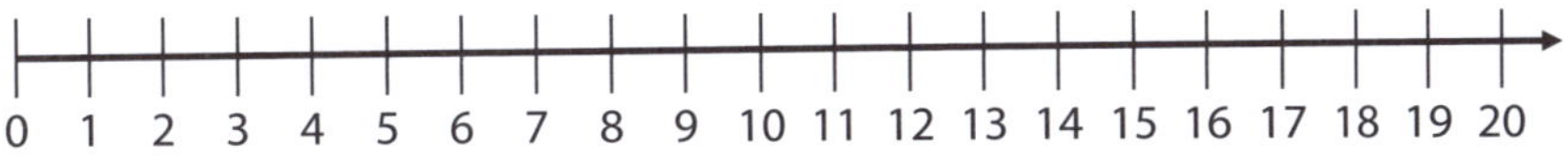

18 – 5 – 2 = ...

10 – 4 – 1 = ...

3 Calcule les résultats des soustractions suivantes.

15 – 9 = ... 11 – 8 = ... 14 – 8 = ... 13 – 9 = ... 11 – 9 = ...

Je sais faire

4 Complète les cases de la frise ci-dessous grâce aux résultats des opérations.

Attention, regarde bien les signes indiqués !

	+ 8	– 7	+ 9	– 8	+ 5	– 9	+ 5	+ 6	– 8
6	....	....	....	....	....	....	....	....	....

Je sais résoudre un problème

5 Lors d'une partie de bowling, Noah a renversé 7 quilles sur les 15 qui étaient positionnées.
Combien de quilles sont encore debout ?

À toi de jouer

....

LEÇON 7 Je connais les compléments à 10, les doubles et les moitiés jusqu'à 20

J'observe

0 + 10
1 + 9 ou 9 + 1
2 + 8 ou 8 + 2
3 + 7 ou 7 + 3
4 + 6 ou 6 + 4
5 + 5

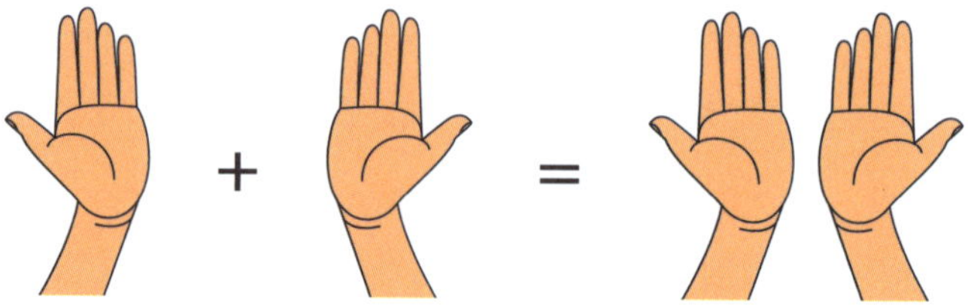

Je retiens l'essentiel

- Le **complément à 10** d'un nombre est le nombre **qu'il faut lui ajouter pour faire 10**.
- Trouver **le double** d'un nombre, c'est **répéter** cette quantité **deux fois**.
- Trouver **la moitié** d'un nombre, c'est **partager** la quantité en **deux parts égales**.

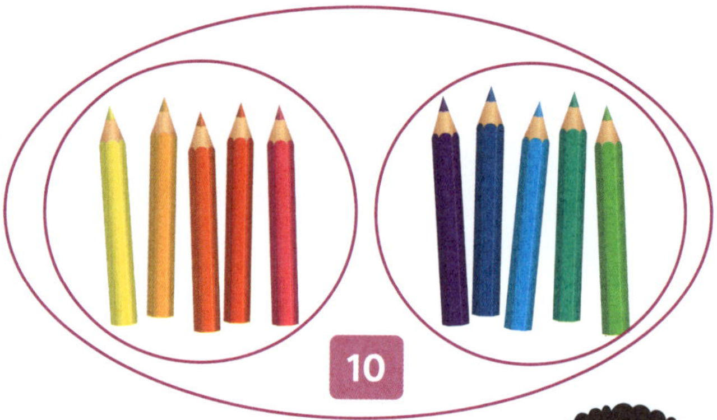

Aide-toi de tes doigts ! **Pour le complément à 10 de 7, lève 7 doigts et regarde combien sont baissés.** Si tu lèves les 3 doigts restants, tu as tous tes 10 doigts levés. **Le complément à 10 de 7 est donc 3.**

Je vérifie que j'ai bien compris

Trouve le complément à 10, le double et la moitié du chiffre indiqué.

6

complément à 10 → ....

double → ....

moitié → ....

Je manipule

1. Sur chaque ligne, dessine les ballons manquants pour en avoir 10 et complète le calcul.

7 + ... = 10

5 + ... = 10

Exercices

Je m'entraîne

2 **Colorie les compléments à 10 que tu identifies ci-dessous.**

5 + 5	4 + 6	9 + 1	7 + 3	2 + 8	7 + 4	8 + 3	6 + 3

3 **Partage les collections équitablement et complète les phrases suivantes.**

La moitié de 8 est ....

La moitié de 14 est ....

Je sais faire

4 **Sur chaque ligne, entoure les compléments à 10, puis calcule le résultat.**

6 + 1 + 4 = ...

2 + 8 + 7 = ...

5 + 7 + 3 = ...

5 + 7 + 5 = ...

Je sais résoudre un problème

5 Audrina invite 10 amis pour son anniversaire. Elle a préparé 7 crêpes.
Combien de crêpes lui reste-t-il à préparer pour que chaque ami puisse en manger une ?
Pendant la fête, la moitié des crêpes a été mangée. Combien de crêpes ont été mangées ?

À toi de jouer

....

LEÇON 8 Je comprends la multiplication et le partage

J'observe

4 boîtes de 6 œufs → 6 + 6 + 6 + 6 = 4 × 6 = 24 → Il y a 24 œufs au total.

8 oranges pour 2 saladiers → 2 × ? = 8 → 2 × 4 = 8 → 8 ÷ 4 = 2
→ On peut répartir 4 oranges par saladier.

Je retiens l'essentiel

- **Multiplier**, c'est **ajouter un nombre autant de fois que demandé**. Pour faire une multiplication, on utilise le signe × (« fois »).
- **Partager** une collection, c'est la **diviser en plusieurs parts**. Pour faire une division, on utilise le signe ÷ (« divisé par »).

Je vérifie que j'ai bien compris

Écris l'opération correspondant à chaque situation.

Je veux connaître le nombre de fleurs.

....

Je veux répartir équitablement mes tee-shirts dans les deux valises.

....

Je manipule

1 **Colorie l'énoncé en bleu s'il s'agit d'une situation de partage et en vert s'il s'agit d'une situation de multiplication.**

Le fermier a réparti ses 24 poules dans 4 enclos différents.

Nous avons acheté 6 paquets de madeleines à 3 € chacun.

Les 3 trousses contiennent chacune 12 crayons.

Exercices

Je m'entraîne

2 Complète les calculs suivants, comme dans l'exemple.

$3 + 3 + 3 + 3 + 3 + 3 = 6 \times 3$

- $8 + 8 + 8 =$ ....
- $7 + 7 + 7 + 7 =$ ....
- .... $= 4 \times 2$
- .... $= 5 \times 9$
- .... $= 7 \times 6$

3 Relie les situations aux opérations correspondantes, puis résous les calculs ci-dessous.

3×6	4×4	2×6	2×9
=	=	=	= ....

Je sais faire

4 Réponds aux questions suivantes.

- On distribue 15 cartes entre 3 enfants. Combien de cartes ont-ils chacun ?

....

....

- 8 enfants ont reçu 6 cartes chacun. De combien de cartes le jeu se compose-t-il ?

....

....

Je sais résoudre un problème

5 Fatma cueille 27 fleurs. Les bouquets se composent de 3 fleurs.
Combien de bouquets pourra-t-elle confectionner ?

À toi de jouer

....

LEÇON 9 J'apprends les tables de multiplication de 2, 5 et 10

J'observe

Table de 2	Table de 5	Table de 10
2 × 1 = 2	5 × 1 = 5	10 × 1 = 10
2 × 2 = 4	5 × 2 = 10	10 × 2 = 20
2 × 3 = 6	5 × 3 = 15	10 × 3 = 30
2 × 4 = 8	5 × 4 = 20	10 × 4 = 40
2 × 5 = 10	5 × 5 = 25	10 × 5 = 50
2 × 6 = 12	5 × 6 = 30	10 × 6 = 60
2 × 7 = 14	5 × 7 = 35	10 × 7 = 70
2 × 8 = 16	5 × 8 = 40	10 × 8 = 80
2 × 9 = 18	5 × 9 = 45	10 × 9 = 90
2 × 10 = 20	5 × 10 = 50	10 × 10 = 100

Je retiens l'essentiel

- La **multiplication** est une opération qui consiste à ajouter **une même quantité un certain nombre de fois**.

  Exemple : 4 × 5, c'est 4 fois la quantité 5, qui peut se traduire par une **addition itérée** :
  5 + 5 + 5 + 5 = 20.

- Pour faire une **multiplication**, on utilise **le signe ×** (« **fois** »). Le résultat d'une multiplication est un **produit**.

Je vérifie que j'ai bien compris

	Essai 1		Essai 2	
	Temps	Erreur(s)	Temps	Erreur(s)
Table de 2				
Table de 5				
Table de 10				

Je manipule

1 **Indique le nombre total de pommes dans chaque verger. Écris l'opération, puis calcule le résultat.**

....
....
....

....
....
....

Exercices

Je m'entraîne

2 Complète les opérations suivantes.

.... × 5 = 35	.... × 10 = 50	.... × 2 = 14	.... × 5 = 40
.... × 2 = 18	.... × 5 = 25	.... × 10 = 70	.... × 2 = 16

3 Relie chaque calcul à son résultat.

4 × 5 •	• 16
8 × 5 •	• 25
3 × 5 •	• 18
5 × 5 •	• 70
4 × 2 •	• 20
8 × 2 •	• 40
9 × 2 •	• 90
5 × 10 •	• 15
7 × 10 •	• 50
9 × 10 •	• 8

Coup de pouce

Tu peux te rappeler que dans la table de 2 les résultats progressent de 2 en 2, dans la table de 5 les résultats progressent de 5 en 5 et dans la table de 10 les résultats progressent de 10 en 10.

Je sais faire

4 Colorie de la même couleur l'opération et le résultat correspondant.

6 × 5	45	5 × 2	14
7 × 2	80	8 × 10	35
6 × 10	30	8 × 2	60
9 × 5	10	7 × 5	16

Je sais résoudre un problème

5 Il y a 8 biscuits dans un paquet de gâteaux.
Combien Alexandre aura-t-il de biscuits s'il achète 5 paquets ?

À toi de jouer

....

LEÇON 10 J'apprends les tables de multiplication de 3 et de 4

J'observe

Table de 3	
1 × 3 = 3	6 × 3 = 18
2 × 3 = 6	7 × 3 = 21
3 × 3 = 9	8 × 3 = 24
4 × 3 = 12	9 × 3 = 27
5 × 3 = 15	10 × 3 = 30

Table de 4	
1 × 4 = 4	6 × 4 = 24
2 × 4 = 8	7 × 4 = 28
3 × 4 = 12	8 × 4 = 32
4 × 4 = 16	9 × 4 = 36
5 × 4 = 20	10 × 4 = 40

Je retiens l'essentiel

- La **multiplication** est une opération qui consiste à ajouter **une même quantité un certain nombre de fois**.

  Exemple : 7 × 3, c'est 7 fois la quantité 3, qui peut se traduire par une **addition itérée** : 3 + 3 + 3 + 3 + 3 + 3 + 3 = 21.

- Pour faire une **multiplication**, on utilise **le signe ×** (« **fois** »). Le résultat d'une multiplication est un **produit**.

Apprends par cœur les tables de multiplication de 3 et de 4, puis chronomètre-toi en essayant d'aller le plus vite possible et de ne pas faire d'erreur !

Je vérifie que j'ai bien compris

	Essai 1		Essai 2	
	Temps	Erreur(s)	Temps	Erreur(s)
Table de 3				
Table de 4				

Je manipule

1 Colorie en rouge le chemin de la table de 3 et en violet le chemin de la table de 4.

3	6	7	10	4
7	9	16	12	8
15	12	20	15	24
18	8	24	28	32
21	24	27	37	36
12	28	30	39	40

Exercices

Je m'entraîne

2 Complète les opérations suivantes.

5 × .... = 15	3 × .... = 9	8 × .... = 24
7 × .... = 28	2 × .... = 8	9 × .... = 36
6 × .... = 18	4 × .... = 16	5 × .... = 20

3 Colorie deux à deux le calcul et son résultat.

5 × 3	7 × 4	6 × 3	2 × 4	3 × 3	4 × 3
12	28	8	18	9	15

4 Relie le calcul à son résultat.

7 × 4 •	• 16
3 × 3 •	• 18
4 × 4 •	• 32
5 × 4 •	• 28
6 × 3 •	• 24
8 × 4 •	• 27
9 × 3 •	• 9
6 × 4 •	• 20

Coup de pouce

Tu peux te rappeler que dans la table de 3 les résultats progressent de 3 en 3 et que dans la table de 4 les résultats progressent de 4 en 4.

Je sais faire

5 Déplace-toi dans le labyrinthe en retrouvant les calculs justes.

→

2 × 3 = 6	6 × 4 = 24	4 × 4 = 15	8 × 4 = 24	9 × 3 = 36	5 × 3 = 15
7 × 3 = 20	2 × 4 = 8	3 × 4 = 14	4 × 3 = 18	5 × 4 = 25	8 × 3 = 24
7 × 4 = 26	9 × 3 = 27	6 × 3 = 16	3 × 4 = 12	6 × 4 = 24	5 × 4 = 20
4 × 3 = 10	8 × 4 = 32	7 × 3 = 21	9 × 4 = 36	5 × 4 = 18	4 × 3 = 14

→

Je sais résoudre des problèmes

6 Papi André a planté 8 rangées de 4 plants de salade. Combien de salades a-t-il plantées ?

À toi de jouer

....

....

LEÇON 11 Je compte jusqu'à 200

J'observe

100	101	102	103	104	105	106	107	108	109
110	111	112	113	114	115	116	117	118	119
120	121	122	123	124	125	126	127	128	129
130	131	132	133	134	135	136	137	138	139
140	141	142	143	144	145	146	147	148	149
150	151	152	153	154	155	156	157	158	159
160	161	162	163	164	165	166	167	168	169
170	171	172	173	174	175	176	177	178	179
180	181	182	183	184	185	186	187	188	189
190	191	192	193	194	195	196	197	198	199

Je retiens l'essentiel

- Une centaine est 1 paquet de 100 unités ou 10 paquets de dizaines.
- Pour décomposer un nombre à trois chiffres, tu dois trouver combien tu as de centaines, de dizaines et d'unités.
- Tu peux t'aider d'un tableau : 1 est le chiffre des centaines. 3 est le chiffre des dizaines. 6 est le chiffre des unités.

c	d	u
1	3	6

- Tu peux décomposer un nombre en additions ou en multiplications.

Exemple : 136 = 100 + 30 + 6

136 = (1 × 100) + (3 × 10) + (6 × 1)

Je manipule

1 Complète le tableau des nombres.

100	101	102	103	104	105	....	107	108	109
110	111	112	....	114	115	116	....	118	119
....	121	122	123	124	125	....	127	128	129
130	....	132	133	134	135	136	137	138	....
140	141	....	....	144	145	146	147	148	149
....	....	152	153	....	....	156	157	158	159
160	161	162	163	164	165	....	167	168	....
170	171	172	173	174	....	176	177	....	179
....	181	182	183	....	185	....	187	188	189
190	191	....	....	194	195	196	197	....	199

Exercices

Je m'entraîne

2 Dénombre et indique les nombres correspondants, comme dans l'exemple.

a. 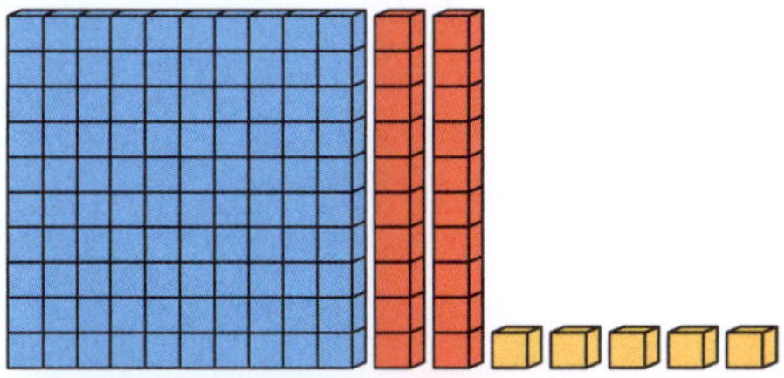 = 125

b. 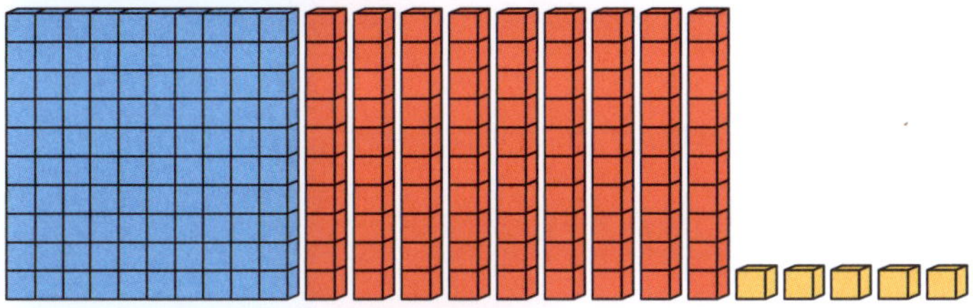 = ...

c. 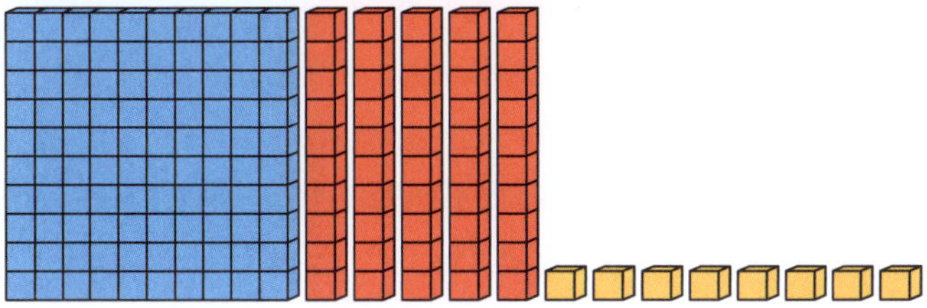 = ...

Souviens-toi,
1 carré = 1 centaine,
1 bâton = 1 dizaine
et 1 cube = 1 unité.

3 Entoure les nombres pairs.

194 • 158 • 186 • 191 • 166 • 54

Coup de pouce

Les nombres pairs se finissent par les chiffres 0, 2, 4, 6, 8.
Les nombres impairs se terminent par 1, 3, 5, 7, 9.

Je sais faire

4 Décompose les nombres suivants en additions et en multiplications, comme dans l'exemple ci-dessous.

145 = 100 + 40 + 5

145 = (1 × 100) + (4 × 10) + (5 × 1)

• 109 = ...
  109 = ...

• 178 = ...
  178 = ...

• 196 = ...
  196 = ...

Je sais résoudre un problème

5 Les œufs de Mamie Madeleine sont rangés dans des boîtes de 10 ou dans des cartons de 100 œufs.
Combien de boîtes et de cartons pleins aura-t-elle si elle a 146 œufs ?

À toi de jouer

....

....

....

LEÇON 12 Je découvre les compléments à 100 et à la dizaine supérieure

J'observe

10 + 90 = 100 20 + 80 = 100 30 + 70 = 100 40 + 60 = 100 50 + 50 = 100

60 + 40 = 100 70 + 30 = 100 80 + 20 = 100 90 + 10 = 100

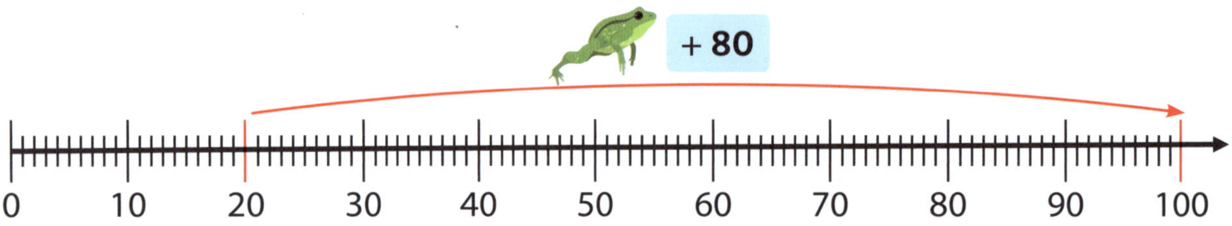

Je retiens l'essentiel

- Le **complément à 100** d'un nombre est **la quantité qu'il faut lui ajouter pour faire 100**. Cherche d'abord à **compléter à la dizaine supérieure**. Ensuite, demande-toi quel est le complément à 100 de ce nombre. Si 1 est le complément à 10 de 9, alors 10 est le complément à 100 de 90.

  Exemple : 43 + 7 + 50 = 43 + 57 = 100

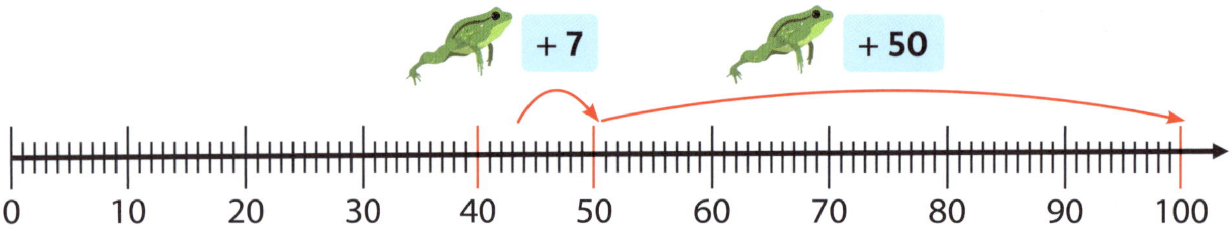

- Compléter un nombre à la **dizaine supérieure** revient à se demander combien il faut **ajouter à ce nombre** pour atteindre la **dizaine suivante**.

  Exemple : Trouve le complément à la dizaine supérieure de 43. Après la famille des 40, il y a la famille des 50. Tu veux donc trouver le nombre qu'il faut ajouter à 43 pour faire 50. Regarde l'unité : 3. Utilise les compléments à 10. Le complément à 10 de 3 est 7. Donc 43 + 7 = 50.

- Pour calculer rapidement, il est utile de connaître les compléments à 100 et à la dizaine supérieure.

Je manipule

1 **Aide-toi de la droite numérique pour indiquer les compléments demandés.**

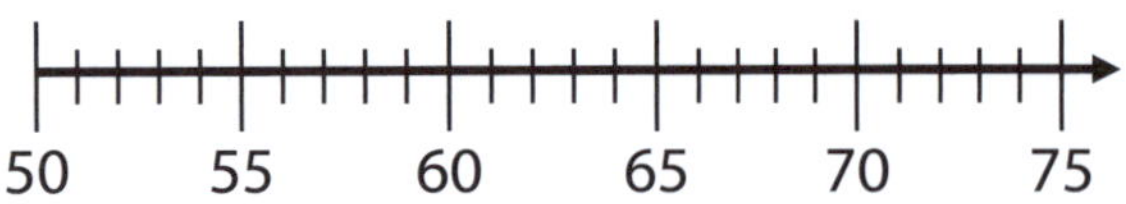

53 + ... = 60

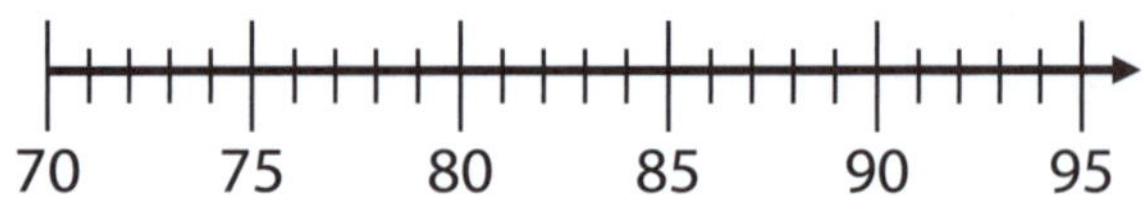

77 + ... = 80

Exercices

Je m'entraîne

2 Complète les opérations suivantes.

41 + ... = 100	86 + ... = 100	31 + ... = 100	93 + ... = 100
65 + ... = 100	79 + ... = 100	22 + ... = 100	56 + ... = 100

3 Colorie deux par deux les nombres dont la somme est égale à 100.

30	70	40	60	50	50	41	59	72	28	36	64

4 Entoure les compléments à 100 dans les opérations suivantes et calcule les résultats.

- 60 + 40 + 1 = ...
- 30 + 8 + 70 = ...
- 80 + 20 + 6 = ...

Je sais faire

5 Déplace-toi dans le labyrinthe en retrouvant les calculs justes.

→ 54 + 46 = 100	72 + 28 = 100	47 + 54 = 100	14 + 96 = 100	42 + 57 = 100	52 + 28 = 100
15 + 95 = 100	45 + 55 = 100	23 + 78 = 100	52 + 48 = 100	31 + 69 = 100	49 + 51 = 100
42 + 68 = 100	91 + 9 = 100	84 + 17 = 100	86 + 14 = 100	84 + 6 = 100	62 + 38 = 100
71 + 19 = 100	18 + 82 = 100	33 + 67 = 100	69 + 31 = 100	26 + 82 = 100	95 + 5 = 100 →

6 Trouve 2 possibilités pour faire 100 avec 3 flèches.

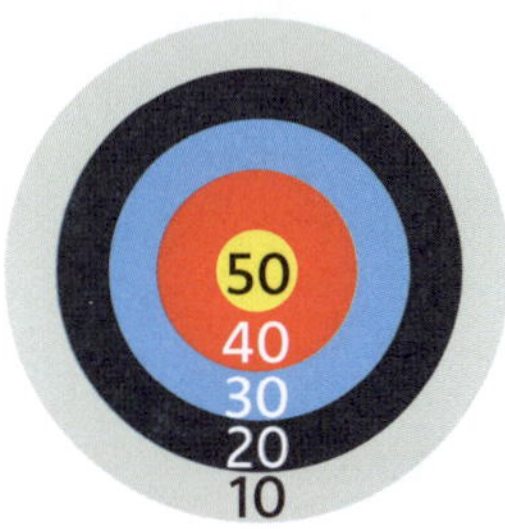

.... + ... + ... = 100

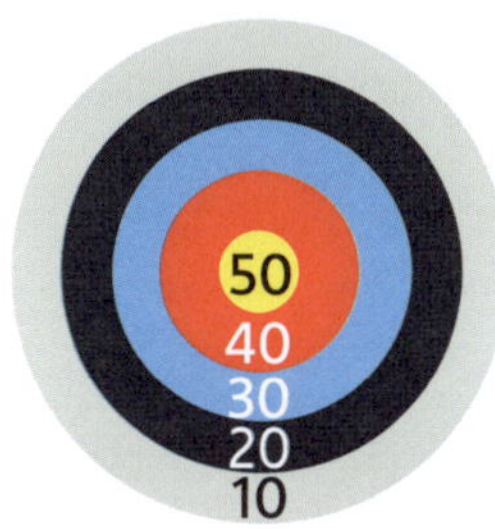

.... + ... + ... = 100

Je sais résoudre un problème

7 Amélie a 57 cartes de foot. Pour avoir la collection complète, il en faut 100.
Combien lui en manque-t-il ?

....

....

LEÇON 13

Je compte jusqu'à 999

J'observe

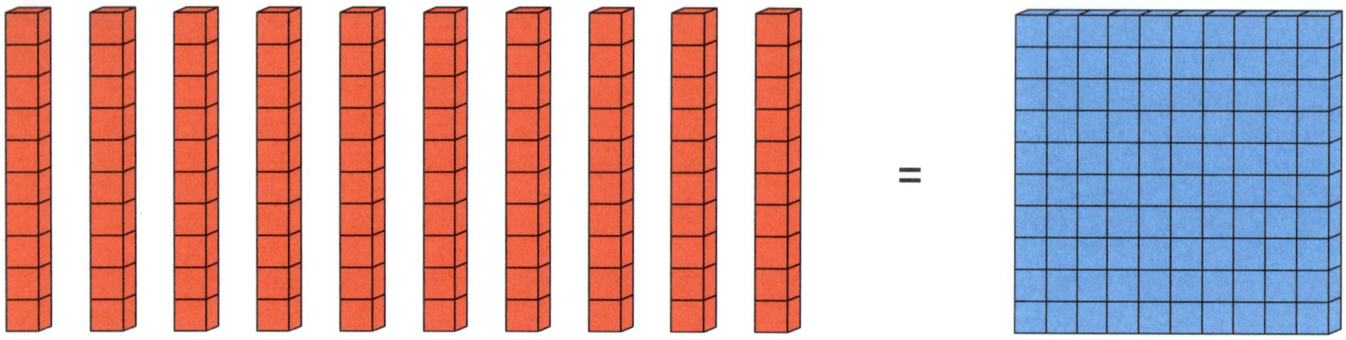

10 10 10 10 10 10 10 10 10 10

100
cent

10 + 10 + 10 + 10 + 10 + 10 + 10 + 10 + 10 + 10 = 10 dizaines

10 dizaines = 1 centaine.

Je retiens l'essentiel

- Une **centaine** est 1 paquet de **100 unités** ou **10 paquets d'1 dizaine**.
- Pour **décomposer un nombre à trois chiffres**, tu dois trouver combien tu as de **centaines**, de **dizaines** et d'**unités**.
- Tu peux t'aider d'un tableau.
  8 est le chiffre des centaines. 3 est le chiffre des dizaines.
  6 est le chiffre des unités.

c	d	u
8	3	6

- Tu peux **décomposer un nombre en additions ou en multiplications**.
  Exemple : 562 = 500 + 60 + 2
  562 = (5 × 100) + (6 × 10) + (2 × 1)

Je manipule

1 Complète le tableau des centaines et des dizaines suivant.

100	110	120	130	140	150	160	....	180	190
200	....	220	....	....	250	260	270	280	....
300	310	....	330	340	350	....	370	380	390
400	....	420	430	440	....	460	470	....	....
....	510	....	....	540	550	560	....	580	590
600	....	620	630	640	650	....	....	....	690
700	710	720	730	....	....	760	770	780	790
800	810	....	830	840	850	860	870	880	....
....	910	920	....	940	950	....	970	....	990

Exercices

Je m'entraîne

2 **Écris les nombres suivants soit en lettres soit en chiffres.**

672 → ……………………………………………………

109 → ……………………………………………………

Sept-cent-vingt → ……………………………………………

Neuf-cent-quatre-vingt-dix-neuf → ………………………

3 **Écris ces nombres décomposés en chiffres.**

5 centaines, 2 dizaines, 9 unités → …………………

9 centaines, 0 dizaine, 1 unité → …………………

3 centaines, 8 dizaines, 4 unités → …………………

4 **Complète les tableaux ci-dessous pour décomposer les nombres suivants.**

672

c	d	u
….	….	….

863

c	d	u
….	….	….

584

c	d	u
….	….	….

702

c	d	u
….	….	….

5 **Décompose les nombres suivants, comme dans l'exemple ci-dessous.**

459 = 400 + 50 + 9

459 = (4 × 100) + (5 × 10) + (9 × 1)

- 705 = ……………………………………

  705 = ……………………………………

- 637 = ……………………………………

  637 = ……………………………………

- 397 = ……………………………………

  397 = ……………………………………

Je sais faire

6 **Observe et complète le tableau ci-dessous pour trouver les différentes écritures possibles des nombres suivants.**

649	6c + 4d + 9u	………………………	………………………
502	………………………	500 + 2	………………………
736	………………………	700 + 30 + 6	………………………
420	………………………	………………………	Quatre-cent-vingt

Je sais résoudre un problème

Devinette

7 J'ai le même chiffre des centaines que 561.

J'ai le même chiffre des dizaines que 917.

Mon chiffre des unités est compris entre 6 et 8.

Qui suis-je ?

……………………………………………………………………………………

LEÇON 14 J'apprends à calculer une addition en ligne et en colonne

J'observe

Une addition en ligne 121 + 456 = 577

Une addition en colonne

	1	2	1
+	4	5	6
	5	7	7

Centaines	Dizaines	Unités
100	10 10	1
+	+	+
100 100 100 100	10 10 10 10 10	1 1 1 1 1 1
= 100 100 100 100 100	= 10 10 10 10 10 10 10	= 1 1 1 1 1 1 1

Je retiens l'essentiel

- **Additions en ligne**

  Quand tu additionnes en ligne, tu **additionnes les dizaines et les unités séparément**.

  Exemple : 43 + 28 = 40 + 20 + 3 + 8
  60 + 11
  70 + 1
  71

- **Additions posées ou en colonne**

  Quand tu poses une addition, **tu positionnes chaque chiffre dans une case** : les unités du deuxième nombre **sous les unités du premier nombre**, les dizaines du **deuxième nombre sous les dizaines du premier nombre**.

  Exemple :

	d	u
	2	2
+	1	4
	3	6

Pour aller plus loin

Commence par les unités car tu auras peut-être assez d'unités pour **construire une dizaine supplémentaire**. Si le résultat est supérieur à 9, place le chiffre des dizaines au-dessus de la colonne des dizaines. C'est **une retenue** qu'il faudra ajouter à l'étape suivante.
Puis tu additionnes les dizaines.

	[1]4	3
+	2	8
=	7	1

Je manipule

1 Colorie les dizaines en rouge et les unités en jaune, puis décompose les nombres suivants.

46 = 40 + 6

85 = ...

79 = ...

Exercices

Je m'entraîne

2 Calcule les additions suivantes en ligne, comme dans l'exemple.

42 + 37 = 42 + 30 + 7
= 72 + 7
= 79

- 57 + 28 = ...
....
....

- 39 + 15 = ...
....
....

- 21 + 43 = ...
....
....

3 Calcule les additions posées suivantes.

5 2 + 1 6 =	2 7 + 4 3 =	3 6 + 8 =	1 9 + 6 9 =

Je sais faire

4 Pose les additions suivantes en colonne, puis effectue les calculs.

29 + 58 35 + 27 65 + 16 44 + 9

Je sais résoudre un problème

5 Margot a dépensé 29 € pour son entrée au zoo et 17 € pour le restaurant.
Combien a-t-elle dépensé en tout ?

À toi de jouer

Margot a dépensé .... €.

LEÇON 15 J'apprends à calculer une soustraction en ligne et en colonne

J'observe

Une soustraction en ligne 456 – 121 = 335

Une soustraction en colonne

	4	5	6
–	1	2	1
	3	3	5

Centaines	Dizaines	Unités
100 100 100 100	10 10 10 10 10	1 1 1 1 1 1
–	–	–
100	10 10	1
= 100 100 100	= 10 10 10	= 1 1 1 1 1

Je retiens l'essentiel

- **Soustractions en ligne**

Quand tu soustrais en ligne, tu soustrais les dizaines et les unités séparément.

Exemple : 49 – 23 = 49 – 20 – 3
29 – 3
26

- **Soustractions posées ou en colonne**

Quand tu poses une soustraction en colonne, tu positionnes chaque chiffre dans une case : les unités du deuxième nombre sous les unités du premier nombre et les dizaines du deuxième nombre sous les dizaines du premier nombre.

Pour aller plus loin

Tu calcules d'abord les unités. Si c'est impossible à calculer, tu passes à la dizaine en mettant une retenue à côté ou au-dessus du chiffre des unités.

Exemple :

- Tu dois faire 3 – 8. C'est impossible car 3 est plus petit que 8. Tu prends une dizaine pour venir la placer devant le 3 et le transformer en 13 : 13 – 8 = 5.
- Comme tu as ajouté une dizaine pour pouvoir calculer les unités, tu dois ôter une dizaine pour calculer les dizaines. Ainsi, tu retires 1 à 4 et tu obtiens 3.
- Tu soustrais maintenant les dizaines : 3 – 2 = 1.

	3	
	~~4~~	[1]3
–	2	8
=	1	5

Je manipule

1 Colorie les dizaines en rouge et les unités en jaune et décompose les nombres suivants, comme dans l'exemple.

46 = 40 + 6

97 = ...

26 = ...

49 = ...

72 = ...

67 = ...

Exercices

Je m'entraîne

2 Calcule les soustractions suivantes en ligne, comme dans l'exemple.

67 – 48 = 67 – 40 – 8
= 27 – 8
= 19

- 76 – 26 = ...
....
....
- 84 – 65 = ...
....
....
- 52 – 18 = ...
....
....

3 Calcule les soustractions posées suivantes.

$$\begin{array}{r} 5\ 7 \\ -\ 2\ 9 \\ \hline = \quad \end{array} \qquad \begin{array}{r} 9\ 0 \\ -\ 3\ 4 \\ \hline = \quad \end{array} \qquad \begin{array}{r} 7\ 3 \\ -\ 5\ 8 \\ \hline = \quad \end{array} \qquad \begin{array}{r} 6\ 2 \\ -\ 1\ 5 \\ \hline = \quad \end{array}$$

Je sais faire

4 Pose les soustractions suivantes en colonne puis effectue les calculs.

63 – 48 | 74 – 32 | 80 – 56 | 51 – 15

Je sais résoudre un problème

5 Un producteur a livré 72 kg de légumes. Il y a 45 kg de courges, le reste est la masse des tomates.
Quelle masse de tomates a-t-il livrée ?

À toi de jouer

LEÇON 16

J'apprends à manipuler les fractions

J'observe

$\frac{6}{6}$ = 

$\frac{3}{8}$ = 

Je retiens l'essentiel

On utilise les fractions pour représenter un partage en parts égales.

$\frac{3}{4}$

4 est le dénominateur. Il indique le nombre de parts égales dans le tout.

3 est le numérateur. Il indique le nombre de parts prises dans le tout.

Pour aller plus loin

un quart 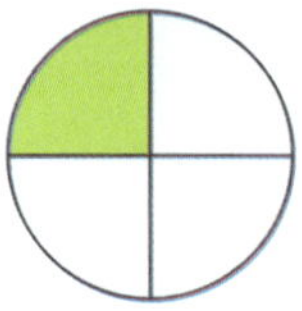

un tiers 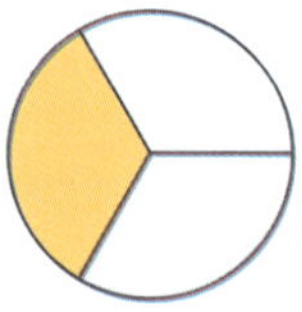

un demi 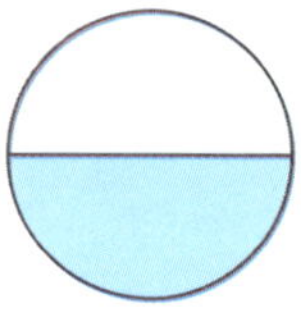

Je vérifie que j'ai bien compris

Complète le schéma suivant avec les termes : numérateur, dénominateur.

3 → ....

.... ← 10

Je manipule

1 Colorie les pétales représentés dans ses fractions.

a. $\frac{4}{8}$

b. $\frac{5}{8}$

c. $\frac{1}{8}$

d. $\frac{2}{8}$

Exercices

Je m'entraîne

2 Écris les fractions qui correspondent aux dessins ci-dessous.

a. $\frac{\dots\dots}{\dots\dots}$

b. $\frac{\dots\dots}{\dots\dots}$

c. $\frac{\dots\dots}{\dots\dots}$

d. $\frac{\dots\dots}{\dots\dots}$

3 Écris les fractions représentées ci-dessous.

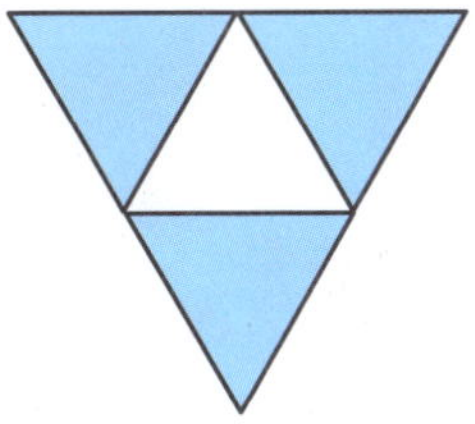 = ...

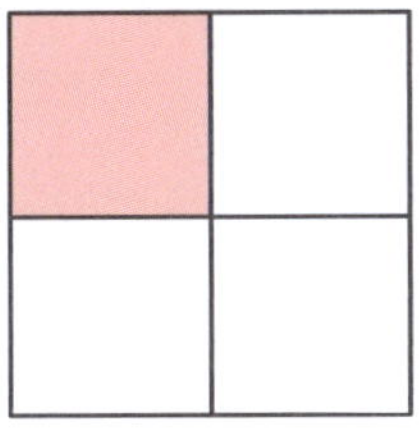 = ...

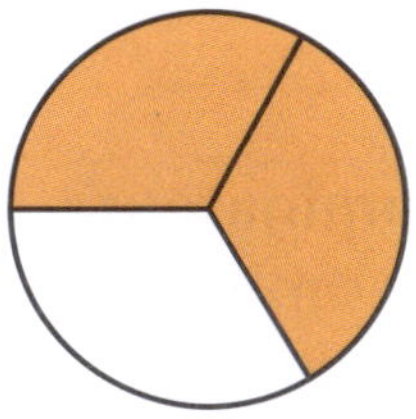 = ...

 = ...

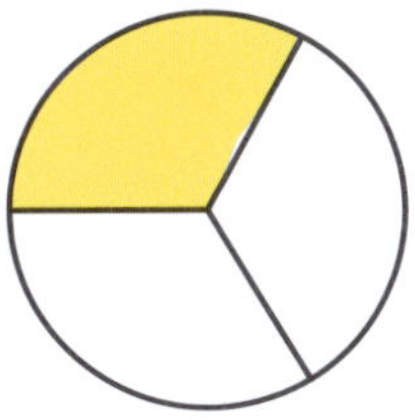 = ...

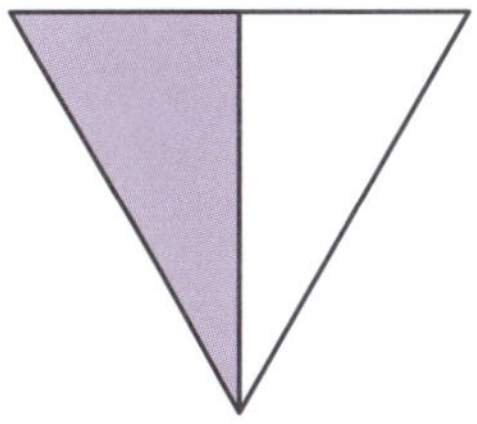 = ...

4 Écris les fractions représentées ci-dessous.

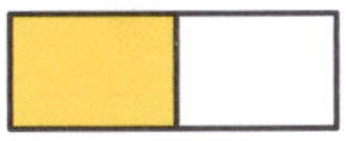 = ...

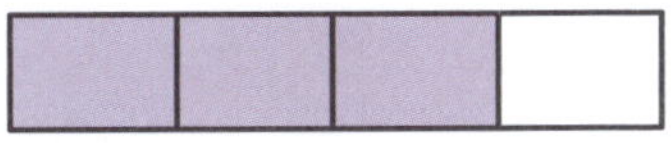 = ...

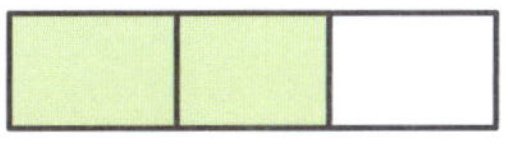 = ...

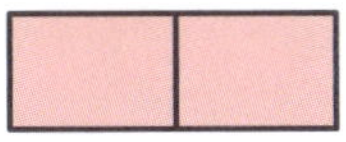 = ...

 = ...

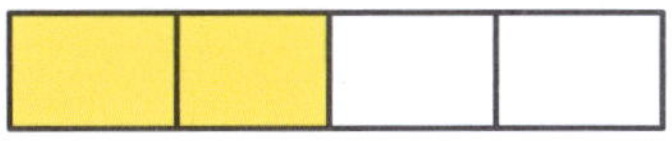 = ...

Je sais résoudre des problèmes

5 Luna prend $\frac{2}{4}$ de pizza et Arthur $\frac{1}{4}$. Combien de parts reste-t-il de la pizza ?

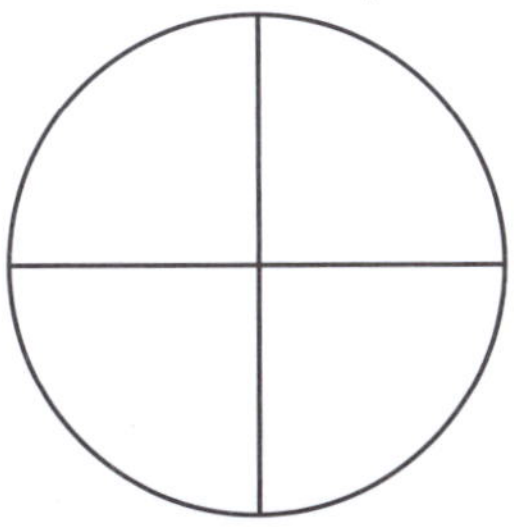

....

LEÇON 17 J'apprends à me repérer et à me déplacer dans un quadrillage

J'observe

- La petite fille est **à gauche** de la maîtresse, le petit garçon est **à droite** de la maîtresse.

- L'écureuil est **sur** la table, la souris est **sous** la table.

- L'oiseau bleu est **devant** le nid, l'oiseau vert est **derrière** le nid.

- Le poisson est **dans** l'aquarium, l'ourson est **entre** les enfants.

Je retiens l'essentiel

- Un **quadrillage** est un tableau avec des lignes et des colonnes qui se croisent pour former des cases.
- Pour se repérer dans un quadrillage, tu utilises un code avec une lettre (la ligne) et un chiffre (la colonne). Cela permet de nommer la case à laquelle tu t'intéresses.
  Exemple : (C ; 2) → flocon.
- Pour trouver le code d'un objet, tu mets le doigt dessus et tu le fais glisser vers la lettre puis vers le chiffre.

Je manipule

1 Retrouve dans quelle position est la souris par rapport au chat.

....

....

....

Exercices

Je m'entraîne

2 Dessine le ballon comme indiqué ci-dessous.

Le ballon est dans l'arbre.

Le ballon est sous l'arbre.

Je sais faire

3 Indique les codes des objets suivants.

- canard (....... ; ....)
- poivron vert (....... ; ....)
- cerf-volant (....... ; ....)
- avion (....... ; ....)
- banane (....... ; ....)
- kiwi (....... ; ....)
- ours (....... ; ....)
- fusée (....... ; ....)

4 Donne le nom des objets présents dans les cases suivantes.

- (G ; 1) : ....
- (A ; 7) : ....
- (D ; 2) : ....
- (A ; 5) : ....
- (E ; 3) : ....
- (F ; 4) : ....
- (D ; 1) : ....
- (C ; 6) : ....

LEÇON 18 Je calcule avec la monnaie et je découvre les nombres décimaux

J'observe

Je retiens l'essentiel

- Dans la vie quotidienne, on utilise la monnaie pour payer ce qu'on veut acheter.
- Notre monnaie est l'euro (€). Il existe plusieurs pièces et billets en euros.

  Exemple : Pour ce casque qui coûte 82 €, tu choisis en premier le billet de 50 €, puis le billet de 20 €, puis le billet de 10 € et enfin la pièce de 2 €.
- On utilise des centimes pour représenter ce qui est plus petit que 1 €.

Je vérifie que j'ai bien compris

Indique dans chaque case les sommes d'argent correspondantes.

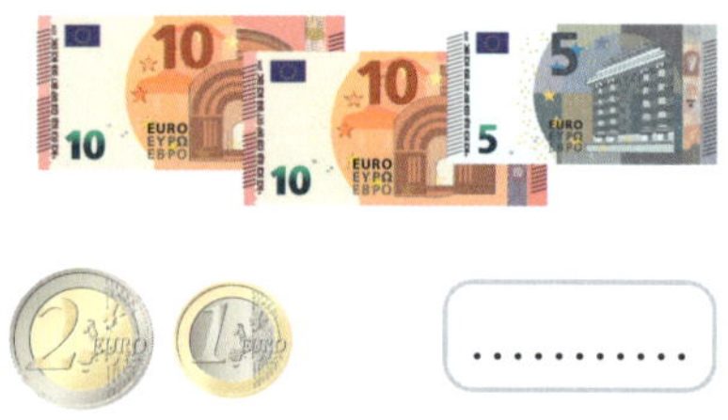
....

....

....

Pour aller plus loin

Manipuler la monnaie, particulièrement les centimes, te permet de découvrir l'écriture décimale d'un nombre. Tu étudieras cela dans les classes supérieures.

2,524

2 est la partie entière et 524 est la partie décimale.

Mur de l'unité

Unités	Dixièmes	Centièmes	Millièmes
2	5	2	4

Je manipule

1 Trouve 2 solutions pour faire 20 €. Dessine les billets et les pièces dont tu as besoin.

Exercices

Je m'entraîne

2 Relie chaque jouet à son montant.

39 €  • • 

28 €  • • 

18 €  • • 

13 €  • • 

16 €  • • 

Je sais faire

3 Calcule le montant de chacun des livres suivants.

....

....

....

Je sais résoudre un problème

4 Mia aimerait offrir un jouet à son frère pour son anniversaire.
Voici l'argent qu'elle possède dans son porte-monnaie.
Parmi les jouets suivants, entoure ceux qu'elle pourrait offrir à son frère.

 12 €

 16 €

8 € 

14 € 

LEÇON 19 Je sais lire l'heure

J'observe

aiguille des heures

12 h 05

6 h 20

aiguille des minutes

Je retiens l'essentiel

- **La grande aiguille** indique **les minutes**. Elle fait le tour du cadran en **60 minutes**.
- **La petite aiguille** indique **les heures**. Elle fait le tour du cadran en **12 heures**. Quand tu lis **l'heure de l'après-midi**, tu ajoutes donc **12 heures**.

  1 heure dure 60 minutes. Entre chaque nombre du cadran, il y a un **écart de 5 minutes**. On compte donc de 5 en 5 pour les minutes.
- Quand l'aiguille des minutes est sur le **12**, il est **l'heure pile**.
- Quand l'aiguille des minutes est sur le **6**, il est **l'heure et demie**. **La moitié** de l'heure s'est écoulée, c'est-à-dire **30 minutes** car 30 est la moitié de 60.
- Quand l'aiguille des minutes est sur le **3**, il est **l'heure et quart**. Un quart de l'heure s'est écoulé, c'est-à-dire **15 minutes**.
- Quand l'aiguille des minutes est sur le **9**, il est **l'heure trois quart** ou **l'heure moins le quart**. Trois quarts de l'heure se sont écoulés, c'est-à-dire **45 minutes**. Il ne reste plus qu'un quart d'heure avant de passer à l'heure suivante.

8 h

9 h 30

4 h 15

2 h 45

Je manipule

1 Indique les heures sous les horloges suivantes.

....

....

....

....

Exercices

Je m'entraîne

2 Dessine les aiguilles sur les horloges ci-dessous selon les horaires indiqués.

5 heures et demie | 2 heures et quart | 9 heures moins le quart | 10 heures et quart

3 Dessine les aiguilles sur les horloges ci-dessous selon les horaires indiqués.

4 h 05 | 11 h 25 | 6 h 35 | 3 h 55

Je sais faire

4 Sous chaque horloge, indique l'heure du matin et l'heure de l'après-midi.

matin	matin	matin	matin ....
après-midi	après-midi	après-midi	après-midi ....

Souviens-toi, pour indiquer l'heure de l'après-midi, tu dois ajouter 12 heures !

Je sais résoudre des problèmes

5 Emma part de chez elle à 8 heures. Elle met 20 minutes à vélo pour aller à l'école. Elle reste 10 minutes avec ses camarades en récréation avant de rentrer en classe.
À quelle heure commence-t-elle à étudier ?

....

LEÇON 20 Je connais les longueurs, les masses et les figures géométriques

J'observe

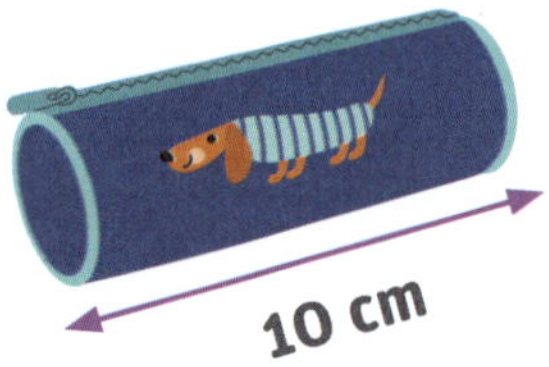

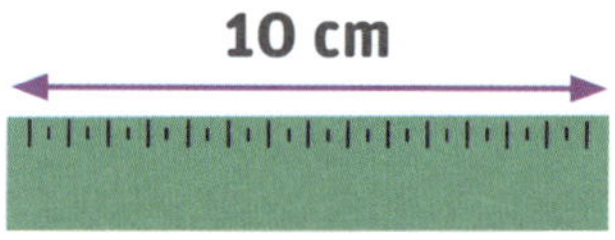

Je retiens l'essentiel

- Pour connaître **la masse** de quelqu'un ou quelque chose, tu le pèses en utilisant **une balance**. Tu exprimes une masse en **grammes (g)** ou en **kilogrammes (kg)**.
- Pour connaître **la taille** de quelqu'un, **une distance** ou **la longueur** de quelque chose, tu utilises **un mètre ou une règle**. Les résultats s'expriment **en kilomètres (km)**, **en mètres (m)** et **en centimètres (cm)**.
- **Les figures géométriques** sont des formes que l'on obtient en traçant **des lignes qui peuvent être droites ou courbes**. Les figures géométriques sont toujours fermées. Il en existe plusieurs.
  – Le **carré** a 4 angles droits, 4 côtés de même longueur et 4 sommets.
  – Le **rectangle** a 4 côtés et ses côtés opposés, c'est-à-dire ceux qui sont face à face, sont de même longueur. Il a aussi 4 sommets.
  – Le **triangle** a 3 côtés et 3 sommets.
  – Le **cercle** n'a ni côté ni sommet, il est tracé avec une ligne courbe et non une ligne droite.

Je manipule

1 Dans quelle unité peux-tu exprimer les masses ou les distances suivantes ?

La masse de ton sac à dos → ....

La distance entre chez toi et l'école → ....

La taille d'une coccinelle → ....

Exercices

Je m'entraîne

2 Mesure la longueur des segments suivants.

a. ....

b. ....

c. ....

d. ....

3 Trace les segments aux longueurs indiquées ci-dessous.

6 cm

8 cm

Je sais faire

4 Indique les masses des objets ci-dessous.

....

5 Complète le tableau suivant.

	nombre d'angles droits	nombre de côtés	nombre de sommets
cercle			
triangle			
carré			
rectangle			

6 Trace les figures demandées.

carré

triangle

rectangle

Corrigés

1 Je distingue les noms masculins et les noms féminins (p. 6-7)

1 Rouge : voiture / maison / vache / bille / mouche
Violet : vélo / garçon / chat / chien / ballon

2 un → dessinateur / singe / oncle / jongleur
une → ogresse / louve / nageuse / doctoresse

3 la factrice → le facteur / la comédienne → le comédien / la conductrice → le conducteur / la traîtresse → le traître / la pharmacienne → le pharmacien / la boulangère → le boulanger / la dessinatrice → le dessinateur

4 une fille → un fils
une mère → un père
une truie → un cochon
une sœur → un frère
madame → monsieur
une femme → un homme

5 un aviateur → une aviatrice
un magicien → une magicienne
un boucher → une bouchère
un infirmier → une infirmière
un Italien → une Italienne
un menteur → une menteuse

6 Le musicien est connu pour son talent.
Le cuisinier imagine une nouvelle recette.
Le maître conseille des livres à ses élèves.

2 Je distingue les noms singuliers et les noms pluriels (p. 8-9)

1 cochon → cochons / chat → chats / fromage → fromages / château → châteaux / manteau → manteaux / genou → genoux / poule → poules / olive → olives / voisin → voisins

2 Bleu : sucre / cloche / famille / trou
Violet : chameau / poireau / hibou / caillou / drapeau / seau

3 -x → bureau / chapeau / tableau
-s → éponge / poire / roi

4 des jumeaux – les canetons – les corbeaux – tes robes – des moustiques – tes manteaux – mes valises – des épines – ses cerceaux – des cailloux

5 Les chiens aboient dans la rue.
Ces enfants adorent jouer aux dominos.

6 Le clown fait son acrobatie sous le chapiteau.
Le passager de l'avion doit avoir mis sa valise dans la soute.

3 J'apprends les mots outils (p. 10-11)

2 → comment / comme / derrière / aussi
→ mais / alors / dans / quand / jamais

3

T	B	E	A	U	C	O	U	P	J
M	S	E	R	A	T	O	U	J	A
A	O	D	E	V	A	N	T	B	U
I	J	A	M	P	O	U	G	R	J
N	T	O	U	J	O	U	R	S	O
T	A	D	E	M	A	I	N	Q	U
E	H	M	A	I	N	T	E	U	R
N	I	H	I	R	A	E	G	A	D'
A	E	J	A	M	A	I	S	N	H
N	R	Q	U	O	I	R	E	D	U
T	P	O	U	R	Q	U	O	I	I

4 Demain, je vais chez ma meilleure amie.
Dans la classe, nous avons un lapin.
Tu as les cheveux noirs comme le charbon.
Avec mes frites, je voudrais aussi des haricots verts.
Je mange ma glace avec de la chantilly.

4 Je reconnais un groupe nominal (p. 12-13)

1 Les écureuils se promènent dans Central Park à New York.
Le Rhône se jette dans la mer Méditerranée.
Rosa Bonheur est une peintre française talentueuse.

2 Exemples de réponses :
une ville → Paris
une mer → la mer Méditerranée
un monument → la tour Eiffel
un prénom de fille → Lola
un pays → la France
une planète → Jupiter
un nom de famille → Dupont
un prénom de garçon → Nicolas

3 a. les b. des c. mon

4 Exemples de réponses :
le gentil chien du voisin – la robe rouge – ma grande peluche – ce petit animal

5 Paul marche dans la rue. Le soleil du matin brille dans le ciel. Les oiseaux chantent. Il a dans son sac une paire de lunettes de soleil et un chapeau. L'été arrive dans quelques jours. C'est la saison préférée d'une de ses amies.

6 Exemples de réponses :
Le chat mange ses croquettes.
Notre papa cuisine un gâteau.
Le chien perd ses poils.

5 J'identifie les composants du groupe nominal (p. 14-15)

1

bleu	grave	mignon	doux	tortue	pommes
histoire	oiseau	livre	blanc	miel	tarte
manger	gros	effrayant	peureux	promener	campagne
ranger	gris	solide	vieux	sec	fermé

2 le camion rouge
le beau chat noir
le sucre blanc
les longues frites
une plante grimpante
une glace rafraîchissante

3 Le cahier vert est à côté de la table basse.
Les brioches dorées cuisent dans le four chaud.
Les vaches noires broutent l'herbe fraîche.

4 Exemples de réponses :
une salade → croquante / composée / verte
un arbre → grand / beau / fleuri
un koala → amusant / doux / gentil
un mouchoir → propre / blanc / neuf
un chat → mignon / orange / affectueux

5 la vétérinaire talentueuse – le garagiste passionné – des chevaux majestueux

6 J'accorde correctement l'adjectif qualificatif (p. 16-17)

1 blonds trouées apeuré hantée

2 une fraise sucrée – une chaise cassée – un écureuil agile – des jolies fleurs – une mamie gentille – des vacances reposantes

3 les grandes crinières
les fêtes foraines
des films fantastiques
des livres extraordinaires
des fraises rouges
des grandes villes
des voisins agaçants
des mécaniciens efficaces

4 un cahier déchiré
une table haute
un loup affamé
un jardinier doué
un grand frère
une leçon facile
une crêpe sucrée
un légume vert

5 Je ramasse une tomate bien mûre. Le jardin de papi est coloré. Une fois en cuisine, il m'aide à découper les tomates pour faire une salade composée. Nous nous mettons à table pour déguster un bon repas.

6 Exemples de réponses :
Le vent froid chasse les nuages blancs.
Les petits moustiques piquent les grands enfants.

7 J'apprends à distinguer les différents types et formes de phrases (p. 18-19)

1

Quel est ton passe-temps favori ?

J'aime dessiner des fleurs.

Quelle merveille !

Il te faut des crayons de couleur.

2 Les grenouilles ne se reposent pas sur les nénuphars.
Demain, nous n'aurons plus de lait.
Les écoliers ne font pas de bruit dans les couloirs.
La plage n'est pas ensoleillée.

3 Partez-vous en vacances ?
Nous allons au bord de la mer.
Quel plaisir de mettre les pieds dans le sable !
Attention aux crabes !
As-tu mis de la crème solaire ?
Pouvez-vous ranger vos jeux de plage ?

4 Exemples de réponses :
Mes chaussettes sont-elles trouées ? – Est-ce que mes chaussettes sont trouées ? – Mes chaussettes sont trouées ?

5 Que le soleil brille !
La tarte est mauvaise !

6 Il n'a pas recousu son pantalon.
Tu ne démolis pas la cabane.

8 J'apprends à reconnaître le sujet et le verbe (p. 20-21)

1 Le marcheur → se promène sur les chemins.
Le loup → guette une proie.
La lumière de la chambre → est éteinte.
Le bébé → va à la crèche.
Le petit chaperon rouge → désobéit à sa maman.
Les enfants → sont allés au cinéma.

2 Le cycliste – Le chat – Mamie et papi – Les médecins.

3 distribue – jouent – récitent – joue – passe.

4 Je plante → planter
Elle change → changer
Nous apportons → apporter
Vous ralentissez → ralentir
Ils jouent → jouer
Tu chantes → chanter

5 Exemples de réponses :
Louis mange des raviolis à la sauce tomate.
La petite fille décore le sapin de Noël.
Les meilleures amies font la course dans la cour.
Les promeneurs marchent dans la forêt.
Valentine nage dans la rivière.

9 Je comprends l'usage des pronoms (p. 22-23)

1 elle – il – il

2 ma petite sœur → elle
Jules et toi → vous
mon chien et moi → nous
le petit koala → il
les lions rugissants → ils

3 la sauterelle → elle
mes jeux de société → ils
ton lapin nain → il
ses lunettes de vue → elles
ma collection de cartes → elle
mes écouteurs → ils

4 Exemples de réponses :
il → mon cahier
nous → Enzo et moi
elles → Lilou et Samantha
vous → Rayan et toi
ils → les papillons
elle → la girafe

5 Ils poussent dans les champs.
Il se pose sur une branche.
Elle part à l'école à pied chaque matin.

6 Elles arrivent à l'école.
Ils écoutent un podcast.

10 J'apprends à accorder correctement le sujet et le verbe (p. 24-25)

1 les acrobates → voltigent
la coccinelle → s'envole
les tourterelles → picorent
les champignons → poussent
le maître-nageur → surveille
les hérissons → se blottissent

2 ils, il, il.

3 Mamie prépare de la compote.
Les oiseaux se posent sur une branche.
Le train arrive en retard.
Les voitures roulent lentement.
La journée dure 24 heures.
Manon et Jules jouent dans le jardin.

4 Ninon saute dans sa bouée.
Les joueurs courent sur le terrain.
L'hiver arrive à grands pas.
Le petit garçon aime la confiture.

5 Milo fabrique une cabane dans son jardin.
Les enfants achètent du pop-corn.
Le cheval et le cochon habitent à la ferme.
Les étoiles brillent dans le ciel.
Le camion s'arrête au bord de la route.

6 Les girafes mangent des feuilles d'acacia.
Les tortues nagent dans la mer.
Les arbres poussent lentement.
Les fusées décollent dans l'espace.

11 J'apprends à conjuguer les verbes du 1er groupe au présent (p. 26-27)

1 Je → vole
L'avion → vole
Nous → volons
Tu → voles
Les abeilles → volent
Vous → volez

2 Nous jouons
Vous chantez
Ils/Elles rigolent
Il/Elle/On/Je bâille
Nous plantons
Elles/Ils nouent
Vous parlez
Je/Il/Elle/On danse

3 Le perroquet parle sans arrêt.
Tu parles avec ton frère.
Je parle de mon match de foot à mes amis.
Il parle à sa grand-mère.
Elles parlent de leur métier avec passion.

4 Je marche dans la rue.
Nous plions le linge.
Elles changent de lunettes.
Tu portes des cartons.
Il regarde la télévision.
Vous jouez de la guitare.

5 Je lace mes chaussures.
Nous jonglons avec des balles.
Tu adores lire des mangas.
Il goûte la confiture de cerises.

6 Elle marche sur le sable.
Tu roules avec un vélo.
Ils passent la carte à leur voisin.
Nous écoutons de la musique.

12 J'apprends à conjuguer les verbes être et avoir au présent (p. 28-29)

1 Le soleil est levé. – Les magasins sont ouverts.

2 Le pompier → a / est
Je → ai / suis
Tu → as / es
Elle → a / est
La poupée → a / est
Nous → sommes
Les enfants → sont / ont

3 Tu es malade.
Nous avons de la chance.
Elles ont de belles robes.
Je suis maladroit.
Nous sommes fatigués.
Il est très gentil.

4 Je suis chez ma mamie.
Vous êtes dans le bus.
Elles ont un bouquet de fleurs.
Tu as un ticket de cinéma.

5 → Ils sont en vacances.
→ Tu as bonne mine.
→ Elle a une voiture.
→ Nous sommes sur la bonne voie.
→ J'ai chaud !

13 J'apprends à conjuguer les verbes du 1er groupe au futur (p. 30-31)

1 Nous → jouerons
Je → jouerai
Ils → joueront
Vous → jouerez
Tu → joueras
Elles → joueront
Elle → jouera

2 Nous éclairerons le chemin.
Elle s'arrêtera au feu tricolore.
Je m'allongerai sur le canapé.
Ils chanteront à la chorale.
Vous jouerez de la harpe.

3 Il/Elle commencera son tour de magie.
Nous volerons au-dessus des montagnes.
Je partagerai ma pizza.
Vous téléphonerez à votre grand-mère.
Ils/Elles joueront à un jeu de cartes.
Tu jongleras avec des balles.

4 Je parlerai plusieurs langues.
Nous parlerons à notre maîtresse.
Vous parlerez de vos animaux.
Eliot parlera doucement.
Elles parleront à leur voisin.
Tu parleras de ta passion.

5 Nous réciterons notre poésie.
Je rentrerai chez moi.
Elle clouera une planche.
Tu regarderas un tableau.
Vous accompagnerez votre grand-père au cinéma.

6 Nous nous éloignerons du jardin.
Vous filerez à toute vitesse.
Tu observeras les insectes.
Je dessinerai très bien.
Il écoutera de la musique.
Elles rouleront dans l'herbe.

14 J'apprends à conjuguer les verbes être et avoir au futur (p. 32-33)

1 sera, aura.

2 Je → serai / aurai
Tu → seras
Il → aura
Nous → aurons
Vous → aurez
Elles → seront

3 Il/Elle aura de la chance.
Tu seras terrifiant.
Ils/Elles auront un vaccin.
Vous serez en vacances.
Je serai jaloux.
Nous aurons des chaussures de sport.
Il sera un champion.

4 Ils auront un problème.
Tu seras dans le jardin.
Je serai sur le lac.
Elle sera à la gare.
Nous serons surpris.
Il aura beaucoup de travail.
Vous aurez froid.

5 Je serai fatiguée de ma journée au parc.
Nous aurons un ordinateur pour faire l'exposé.
Elles seront au bord de la piscine.

6 Tu seras fier. – Elles auront des remords.
Je serai loin. – Vous serez attentifs. – Tu auras soif.

15 J'apprends à conjuguer les verbes du 1er groupe et être/avoir à l'imparfait (p. 34-35)

1 vous regardiez – ils mangeaient – nous dégustions – nous jonglions – nous discutions

2 Je → parlais
Tu → parlais
Il → avait
Nous → sautions
Vous → aviez
Elles → parlaient / étaient

3 Vous grondiez
Ils/Elles avaient
Vous arrosiez
Il/Elle plantait
Tu/Je regardais
Vous étiez
Il/Elle/On dansait
Je/Tu parlais
Ils/Elles cuisinaient

4 Je jouais aux cartes avec mamie.
Ils jouaient aux cowboys et aux Indiens.
Elle jouait avec ses cousines.
Vous jouiez à la corde à sauter.

5 Il se plaçait toujours tout en haut de la salle de cinéma.
Nous parlions à notre voisin au coucher de soleil.
J'essayais un nouvel habit dans une cabine d'essayage.
Elles grondaient tout le temps leur frère qui faisait des bêtises.
Vous creusiez un trou pour enterrer une capsule temporelle.
Tu effaçais constamment ton ardoise avec ta manche.

6 Nous habitions dans cette ville.
Les vacanciers mangeaient des plats italiens.

16 J'apprends à conjuguer les verbes du 1er groupe au passé composé (p. 36-37)

1 À la rentrée scolaire, j'ai rencontré mon meilleur ami. La maîtresse a placé les élèves dans la classe et j'ai eu la chance d'être assis à côté de lui. Tous les jours, elle propose des activités sympathiques. J'aime travailler avec mes camarades.

2 aimer → aimé dessiner → dessiné travailler → travaillé

3 J'ai acheté - Nous avons joué - Ils ont massé - Vous avez nagé

4 Nous avons mangé des brocolis.
Mes parents ont préparé le repas.
J'ai adoré ce film d'action.
Il a conjugué les verbes.

5 Marie a déménagé le week-end dernier. Les parents ont aidé leur fille à faire les cartons. Les meubles sont installés dans l'appartement. Son grand frère a porté les cartons. Ses fleurs sont posées près de la fenêtre. En fin de journée, ses amies sont passées la voir.

6 J'ai préféré aller en vacances au bord de la mer. J'ai aimé manger des crêpes. J'ai ramassé les coquillages car je les collectionne. J'ai rigolé aux blagues de mon grand frère. J'ai envoyé des cartes postales à mes copines.

17 Je révise l'ordre alphabétique (p. 38-39)

1 2 assiette – casserole – entonnoir – grille-pain – marmite – poêle – rouleau – torchon

A	B	C	D	E	F	G	H	I	J	K	L	M	N	O	P	Q	R	S	T	U	V	W	X	Y	Z

assiette → A, casserole → C, entonnoir → E, grille-pain → G, marmite → M, poêle → P, rouleau → R, torchon → T

3 G – P – M – A → A – G – M – P
O – S – T – B → B – O – S – T
C – H – A – T → A – C – H – T

4 huile 5 – vinaigre 15 – moutarde 8 – sel 13 – poivre 11
koala 6 – panda 10 – suricate 14 – ours 9 – hibou 4
pull 12 – manteau 7 – écharpe 2 – bonnet 1 – gants 3

5 bateau – bicyclette – hélicoptère – moto – tramway – voiture
canoë – char – claquettes – course – cross – cyclisme
marécage – mercredi – minuit – montagne – muet – myrtille

6 Entourer en bleu : olive – barrette – abricot – idée.
Entourer en vert : ovale – but – avion – isolé.

18 J'apprends à utiliser un dictionnaire et à repérer le sens propre et figuré (p. 40-41)

1 Faux – Vrai – Vrai

2 Chaise : meuble – siège à quatre pieds, à dossier et sans bras.
Boulanger : métier – personne qui fait et vend du pain et de la pâtisserie.
Girafe : animal – grand mammifère ruminant d'Afrique, haut sur pattes et au cou très long, ce qui lui permet de manger des feuilles en haut des arbres.
Jonquille : plante – plante à bulbe qui donne des fleurs jaunes et odorantes au printemps.

3 Champignon : nom commun, masculin.
Adroit : adjectif, masculin.
Péniche : nom commun, féminin.

4 Un moule : objet creux dans lequel on verse une matière pâteuse qui, en durcissant, prendra la forme de l'objet.
Une moule : mollusque comestible à coquille noir bleuté, qui vit fixé sur les rochers.
Un vase : récipient que l'on remplit d'eau pour y mettre des fleurs coupées.
La vase : boue qui se dépose au fond des eaux stagnantes.
Le rose : couleur rose, rouge très pâle.
La rose : fleur dont la tige est garnie d'épines et qui pousse sur le rosier.

5 Phrase 1 → Il s'agit du métier. Personne dont la profession est de défendre quelqu'un en justice.
Phrase 2 → Il s'agit du fruit. Fruit en forme de poire, à peau verte ou brune, qui contient un gros noyau et qui pousse sur un arbre originaire d'Amérique.

19 Je distingue synonymes/antonymes et je repère les niveaux de langue (p. 42-43)

1 Exemples de réponses :
joli = superbe ≠ affreux
ouvrir = aérer ≠ fermer
fort = vigoureux ≠ faible

2 Vincent a garé sa voiture. → Courant
Papi a changé sa bagnole. → Familier
L'automobile est spacieuse. → Soutenu

3 sauter → bondir
hurler → crier
tranquille → calme
bateau → navire

4 grand → petit
méchanceté → gentillesse
gauche → droite
long → court
tirer → pousser

4

Niveau familier	Niveau courant	Niveau soutenu
godasse planquer esquinter	chaussure cacher abîmer	soulier dissimuler détériorer

6 une voiture / une automobile
un magasin / une boutique
heureux / joyeux
monter / grimper

7 perdre – pauvre – laid.

8 J'aimerais construire une minuscule cabane dans un arbre avec mon meilleur copain. J'ai débuté les plans. J'espère qu'elle sera terminée au commencement des vacances.

20 J'identifie les familles de mots (p. 44-45)

1 chocolat → chocolatier
sucrerie → sucre
chaud → chaudement
savon → savonner
goûter → dégoûtant
courage → encourager
terre → terrestre

2 Laitage, laitier, allaiter, laiterie
plante, planteur, planter, plantoir, plantation, replanter

3 flocon – solide – fleuve – feu.

4 Je vais chez le dentiste une fois par an.
Asma met du dentifrice sur sa brosse à dents.
Mon frère porte un appareil dentaire.
Mon grand-père porte un dentier.
Il faut mettre sa dent sous l'oreiller pour la petite souris.

5 Le boulanger vend son pain à la boulangerie.
Il se régale de gourmandises en tout genre. C'est un gourmand.
Le garagiste répare la voiture dans un garage.
Le renard et la renarde ont eu un bébé. C'est un renardeau.
Papi André fait de nouvelles plantations. Les plantes se plaisent dans son jardin.

6 Exemples de réponses :
jardin → jardinage, jardiner, jardinerie
jour → journée, aujourd'hui, journalier
monter → montée, montagne, mont

21 J'apprends à lire avec fluidité (p. 46-47)

1 Les personnages mentionnés sont Sophie et son cousin Paul.

2 L'histoire se situe dans un bois de chênes près du château.

3

a.

b.

4 Exemples de réponse :
Alors qu'ils ramassaient des glands, Sophie et Paul ont aperçu un écureuil.

5 Sabot : nom masculin, chaussure creusée dans un morceau de bois, ou faite d'une semelle de bois.
Gland : nom masculin, fruit du chêne.

6 Exemples de réponses :
Chêne : arbre L'arbre fait de l'ombre l'été.
Château : manoir Ce manoir est hanté.

Corrigés

1 Je compte jusqu'à 69 (p. 48-49)

1 Il y a 25 coccinelles.

d	u
2	5

2 Douze → 12
Trente-cinq → 35
Vingt-neuf → 29

3 41 → quarante-et-un
17 → dix-sept
13 → treize

4

27

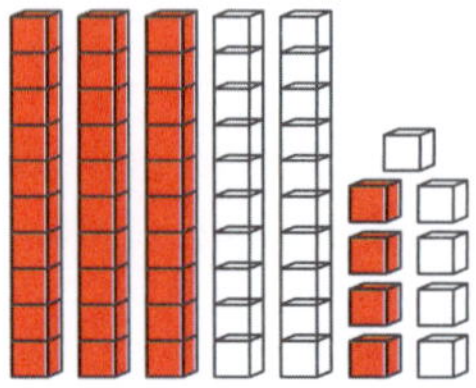
34

56

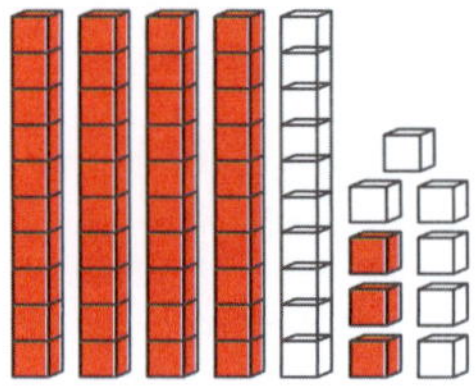
43

5 66 → 60 + 6 → 6d 6u
24 → 20 + 4 → 2d 4u
31 → 30 + 1 → 3d 1u

6 48 = 40 + 8 23 = 20 + 3 36 = 30 + 6 15 = 10 + 5

7 Je suis le nombre 55.

2 Je comprends l'addition et la soustraction (p. 50-51)

1 4 + 2 = 6
Il s'agit d'une addition.
6 − 2 = 4
Il s'agit d'une soustraction.

2 5 + 4 = 9
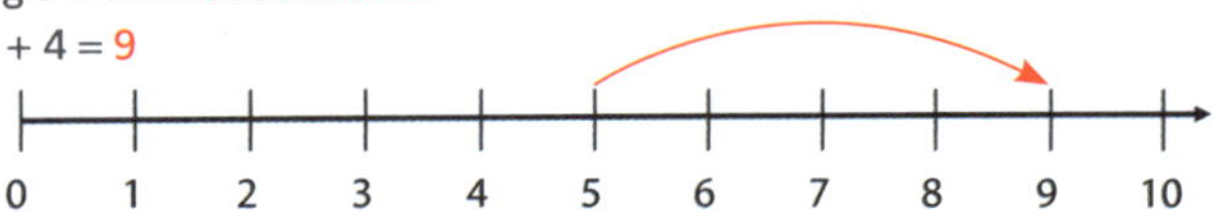
2 + 6 = 8
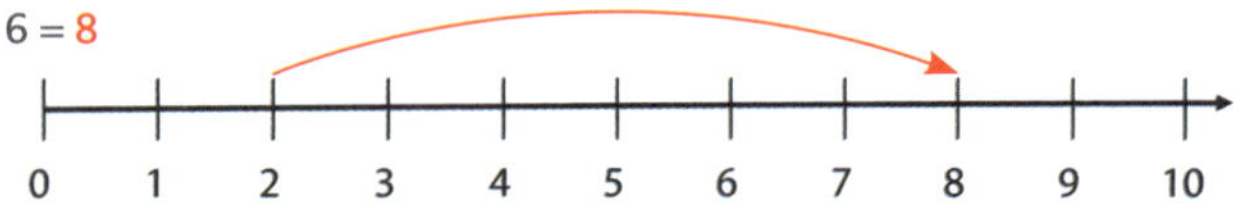
7 − 2 = 5
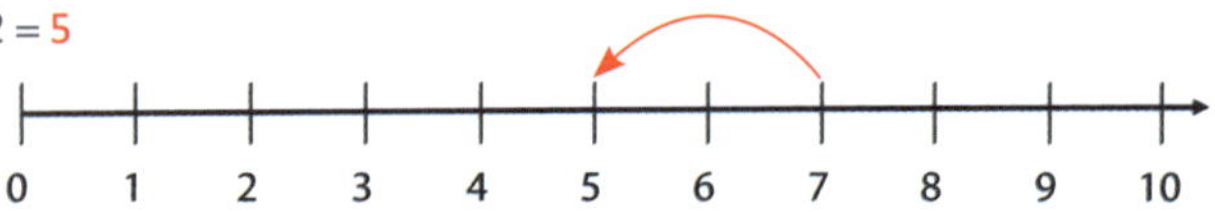
9 − 7 = 2
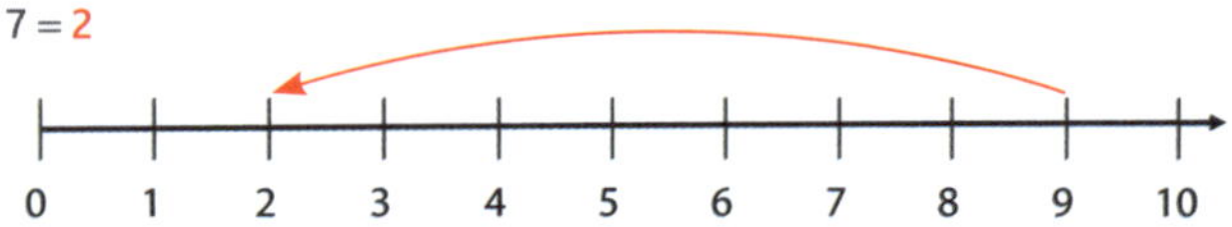

3 8 − 3 = 5
3 + 5 = 8
6 + 2 = 8

8 − 7 = 1
2 + 4 = 6
6 − 5 = 1

9 − 1 = 8
4 − 3 = 1
6 + 4 = 10

4 8 + 2 = 10
6 − 3 = 3
10 − 9 = 1
1 + 7 + 2 = 10
8 − 5 − 2 = 1

5 7 = 1 + 6
7 = 2 + 5
7 = 3 + 4
7 = 4 + 3
7 = 5 + 2
7 = 6 + 1

6 7 − 2 = 5
Le bouquet d'Auguste se compose de 5 fleurs jaunes.

3 Je compte jusqu'à 99 (p. 52-53)

1 a. 82 b. 93

2 Soixante-douze → 72
Quatre-vingt-deux → 82
Seize → 16
Soixante-quatre → 64

3 74 → soixante-quatorze
63 → soixante-trois
77 → soixante-dix-sept
52 → cinquante-deux

4

20	21	22	23	24	25	26	27
66	67	68	69	70	71	72	73
36	37	38	39	40	41	42	43

5 68

d	u
6	8

97

d	u
9	7

84

d	u
8	4

6 10 + 10 + 10 + 10 + 10 + 10 + 10 + 10 + 5 = 85
Romy pourra remplir 8 pochettes de 10 timbres. Il lui restera 5 timbres.

4 J'apprends à comparer des nombres (p. 54-55)

1 a. 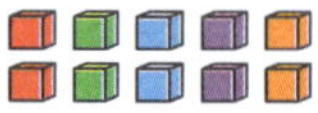 >  b.  < 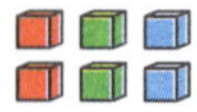

2 Entourer 12. Entourer 10. Entourer 15.

3 42 > 24 53 > 13 16 < 59 26 < 29
26 < 45 9 < 23 47 > 41 52 > 25

4 18 < 25 < 36 < 39 < 48 < 52

5 197 > 193 > 189 > 178 > 175 > 169

6 654 > 564 690 < 700 821 > 811 632 < 701
805 < 850 462 > 426 942 > 939

7 Je suis le nombre 628.

5 J'apprends à calculer des additions (somme inférieure à 20) (p. 56-57)

1 7 + 6 = 13
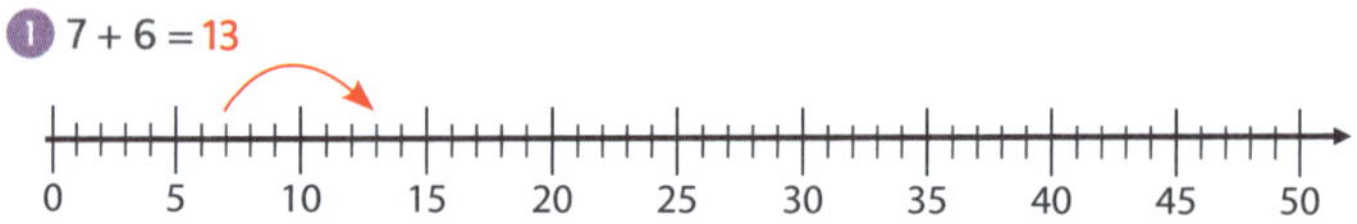

2 5 + 7 = 12
6 + 8 = 14
9 + 9 = 18
4 + 7 = 11

3 + 8 = 11
7 + 7 = 14
7 + 3 = 10
12 + 6 = 18

10 + 2 = 12
16 + 3 = 19
18 + 1 = 19
9 + 6 = 15

3 9 + 5 + 2 → 10 + 6

4 4 + 7 = 11
8 + 9 = 17
6 + 9 = 15

5 + 4 = 9
2 + 6 = 8
9 + 7 = 16

2 + 18 = 20
6 + 13 = 19
8 + 7 = 15

5 8 + 7 = 15
Mohammed a 15 crayons et feutres en tout.

6 J'apprends à calculer des soustractions (différence inférieure à 20) (p. 58-59)

1 7 − 3 = 4 

9 − 4 = 5 

2 11 − 6 = 5
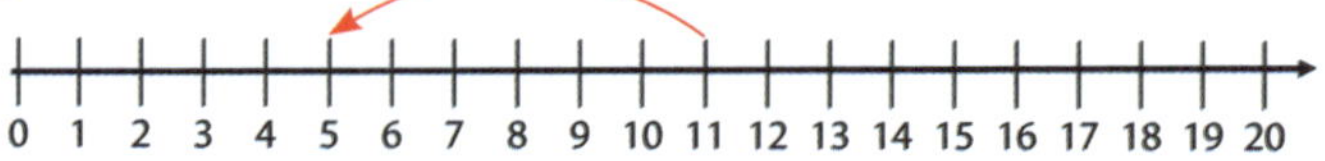
15 − 12 = 3
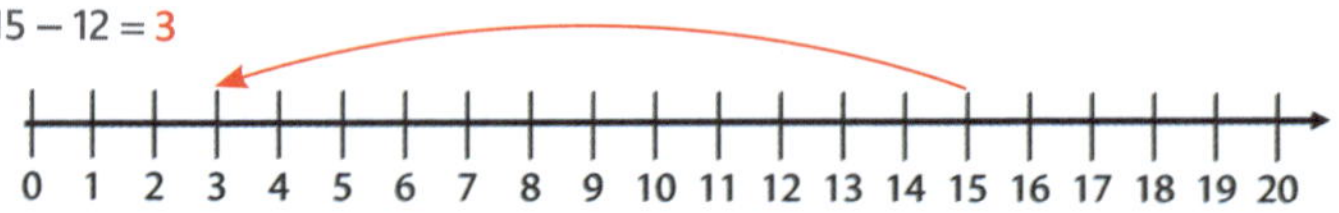

18 – 5 – 2 = 11

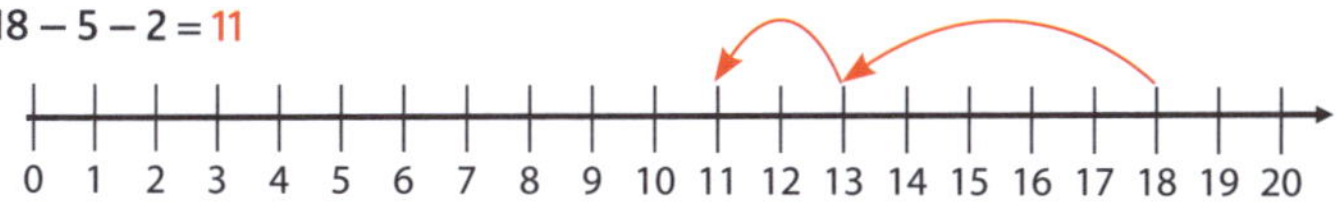

10 – 4 – 1 = 5

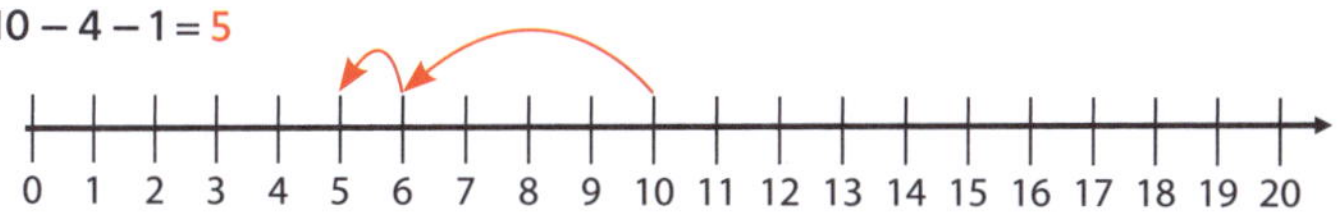

3 15 – 9 = 6 14 – 8 = 6 11 – 9 = 2
11 – 8 = 3 13 – 9 = 4

4

6	14	7	16	8	13	4	9	15	7

5 15 – 7 = 8
Il reste 8 quilles debout.

7 Je connais les compléments à 10, les doubles et les moitiés jusqu'à 20 (p. 60-61)

1 7 + 3 = 10

5 + 5 = 10

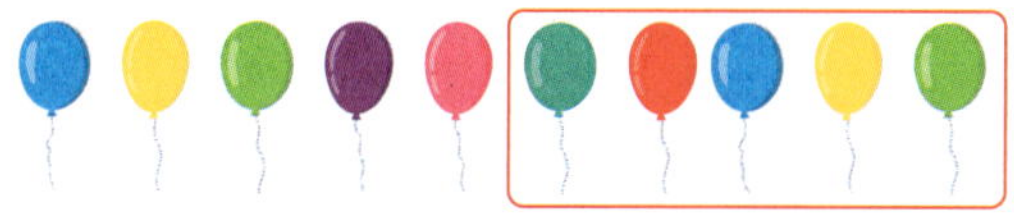

2 5 + 5 4 + 6 9 + 1 7 + 3 2 + 8

3 La moitié de 8 est 4.

La moitié de 14 est 7.

4 (6) + 1 + (4) = 11 (2) + (8) + 7 = 17 5 + (7) + (3) = 15 (5) + 7 + (5) = 17

5 7 + 3 = 10
Audrina doit encore préparer 3 crêpes.
10 – 5 = 5
5 crêpes ont été mangées pendant la fête.

8 Je comprends la multiplication et le partage (p. 62-63)

1

Le fermier a réparti ses 24 poules dans 4 enclos différents.

Nous avons acheté 6 paquets de madeleines à 3 € chacun.

Les 3 trousses contiennent chacune 12 crayons.

2 7 + 7 + 7 + 7 = 7 × 4
5 + 5 + 5 + 5 + 5 + 5 + 5 + 5 + 5 = 5 × 9
8 + 8 + 8 = 8 × 3
4 + 4 = 4 × 2
7 + 7 + 7 + 7 + 7 + 7 = 7 × 6

3

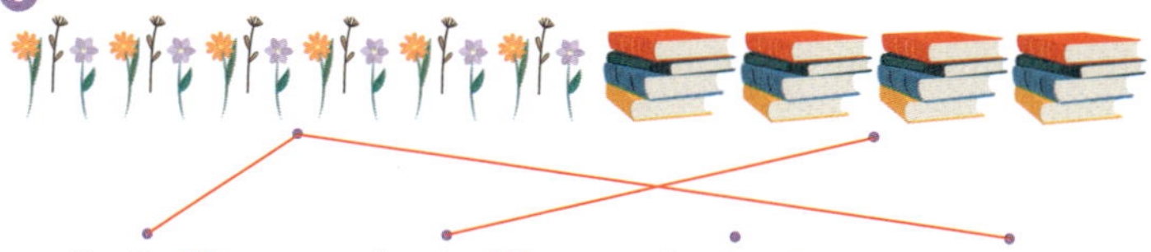

3 × 6 = 18 4 × 4 = 16 2 × 6 = 12 2 × 9 = 18

4 3 × 5 = 15
Chaque enfant a 5 cartes.
8 × 6 = 48
Le jeu se compose de 48 cartes.

5 3 × 9 = 27
Fatma pourra confectionner 9 bouquets de 3 fleurs.

9 J'apprends les tables de multiplication de 2, 5 et 10 (p. 64-65)

1 Opération : 5 × 3 = 15
Opération : 4 × 2 = 8

2 7 × 5 = 35 5 × 10 = 50 7 × 2 = 14 8 × 5 = 40
9 × 2 = 18 5 × 5 = 25 7 × 10 = 70 8 × 2 = 16

3 4 × 5 → 20 5 × 5 → 25 9 × 2 → 18 9 × 10 → 90
8 × 5 → 40 4 × 2 → 8 5 × 10 → 50
3 × 5 → 15 8 × 2 → 16 7 × 10 → 70

4

6 × 5	45	5 × 2	14
7 × 2	80	8 × 10	35
6 × 10	30	8 × 2	60
9 × 5	10	7 × 5	16

5 8 × 5 = 40
Alexandre aura 40 biscuits.

10 J'apprends les tables de multiplication de 3 et de 4 (p. 66-67)

1

3	6	7	10	4
7	9	16	12	8
15	12	20	15	24
18	8	24	28	32
21	24	27	37	36
12	28	30	39	40

2 5 × 3 = 15 3 × 3 = 9 8 × 3 = 24
7 × 4 = 28 2 × 4 = 8 9 × 4 = 36
6 × 3 = 18 4 × 4 = 16 5 × 4 = 20

3

5 × 3	7 × 4	6 × 3	2 × 4	3 × 3	4 × 3
12	28	8	18	9	15

4 7 × 4 → 28 4 × 4 → 16 6 × 3 → 18 9 × 3 → 27
3 × 3 → 9 5 × 4 → 20 8 × 4 → 32 6 × 4 → 24

5

2 × 3 = 6	6 × 4 = 24	4 × 4 = 15	8 × 4 = 24	9 × 3 = 36	5 × 3 = 15
7 × 3 = 20	2 × 4 = 8	3 × 4 = 14	4 × 3 = 18	5 × 4 = 25	8 × 3 = 24
7 × 4 = 26	9 × 3 = 27	6 × 3 = 16	3 × 4 = 12	6 × 4 = 24	5 × 4 = 20
4 × 3 = 10	8 × 4 = 32	7 × 3 = 21	9 × 4 = 36	5 × 4 = 18	4 × 3 = 14

6 8 × 4 = 32
Papi André a planté 32 salades.

11 Je compte jusqu'à 200 (p. 68-69)

❶

100	101	102	103	104	105	106	107	108	109
110	111	112	113	114	115	116	117	118	119
120	121	122	123	124	125	126	127	128	129
130	131	132	133	134	135	136	137	138	139
140	141	142	143	144	145	146	147	148	149
150	151	152	153	154	155	156	157	158	159
160	161	162	163	164	165	166	167	168	169
170	171	172	173	174	175	176	177	178	179
180	181	182	183	184	185	186	187	188	189
190	191	192	193	194	195	196	197	198	199

❷ = 195 = 158

❸ 194 / 158 / 186 / 191 / 166 / 54

❹ 109 = 100 + 9
109 = (1 × 100) + (9 × 1)
178 = 100 + 70 + 8
178 = (1 × 100) + (7 × 10) + (8 × 1)
196 = 100 + 90 + 6
196 = (1 × 100) + (9 × 10) + (6 × 1)

❺ 146 = (1 × 100) + (4 × 10) + (6 × 1)
Mamie Madeleine aura 1 carton plein de 100 œufs, 4 boîtes pleines de 10 œufs. Il lui restera 6 œufs.

12 Je découvre les compléments à 100 et à la dizaine supérieure (p. 70-71)

❶ 53 + 7 = 60
77 + 3 = 80

❷ 41 + 59 = 100
65 + 35 = 100
86 + 14 = 100
79 + 21 = 100
31 + 69 = 100
22 + 78 = 100
93 + 7 = 100
56 + 44 = 100

❸

30	40	50	41	72	36
70	60	50	59	28	64

❹ 60 + 40 + 1 = 101   30 + 8 + 70 = 108   80 + 20 + 6 = 106

❺

54 + 46 = 100	72 + 28 = 100	47 + 54 = 100	14 + 96 = 100	42 + 57 = 100	52 + 28 = 100
15 + 95 = 100	45 + 55 = 100	23 + 78 = 100	52 + 48 = 100	31 + 69 = 100	49 + 51 = 100
42 + 68 = 100	91 + 9 = 100	84 + 17 = 100	86 + 14 = 100	84 + 6 = 100	62 + 38 = 100
71 + 19 = 100	18 + 82 = 100	33 + 67 = 100	69 + 31 = 100	26 + 82 = 100	95 + 5 = 100

❻ Exemples de réponses :
50 + 40 + 10 = 100
30 + 20 + 50 = 100

❼ 57 + 43 = 100
Il manque 43 cartes de foot à Amélie.

13 Je compte jusqu'à 999 (p. 72-73)

❶

100	110	120	130	140	150	160	170	180	190
200	210	220	230	240	250	260	270	280	290
300	310	320	330	340	350	360	370	380	390
400	410	420	430	440	450	460	470	480	490
500	510	520	530	540	550	560	570	580	590
600	610	620	630	640	650	660	670	680	690
700	710	720	730	740	750	760	770	780	790
800	810	820	830	840	850	860	870	880	890
900	910	920	930	940	950	960	970	980	990

❷ 672 : six-cent-soixante-douze
109 : cent-neuf
Sept-cent-vingt : 720
Neuf-cent-quatre-vingt-dix-neuf : 999

❸ 5 centaines, 2 dizaines, 9 unités : 529
9 centaines, 0 dizaine, 1 unité : 901
3 centaines, 8 dizaines, 4 unités : 384

❹

c	d	u	c	d	u	c	d	u	c	d	u
6	7	2	8	6	3	5	8	4	7	0	2

❺ 705 = 700 + 5
705 = (7 × 100) + (5 × 1)
637 = 600 + 30 + 7
637 = (6 × 100) + (3 × 10) + (7 × 1)
397 = 300 + 90 + 7
397 = (3 × 100) + (9 × 10) + (7 × 1)

❻

649	6c + 4d + 9u	600 + 40 + 9	Six-cent-quarante-neuf
502	5c + 2u	500 + 2	Cinq-cent-deux
736	7c + 3d + 6u	700 + 30 + 6	Sept-cent-trente-six
420	4c + 2d	400 + 20	Quatre-cent-vingt

❼ Je suis le nombre 517.

14 J'apprends à calculer une addition en ligne et en colonne (p. 74-75)

❶ 85 = 80 + 5   79 = 70 + 9

❷
57 + 28 = 57 + 20 + 8
= 77 + 8
= 85

39 + 15 = 39 + 10 + 5
= 49 + 5
= 54

21 + 43 = 21 + 40 + 3
= 61 + 3
= 64

❸

	5	2		2	7		3	6		1	9
+	1	6	+	4	3	+		8	+	6	9
=	6	8	=	7	0	=	4	4	=	8	8

❹

	2	9		3	5		6	5		4	4
+	5	8	+	2	7	+	1	6	+		9
=	8	7	=	6	2	=	8	1	=	5	3

❺

	2	9
+	1	7
=	4	6

Margot a dépensé 46 €.

15 J'apprends à calculer une soustraction en ligne et en colonne (p. 76-77)

❶ 97 = 90 + 7   49 = 40 + 9   67 = 60 + 7
26 = 20 + 6   72 = 70 + 2

❷
76 - 26 = 76 – 20 – 6
= 56 – 6
= 50

84 – 65 = 84 – 60 – 5
= 24 – 5
= 19

52 – 18 = 52 – 10 – 8
= 42 – 8
= 34

❸

	5	7		9	0		7	3		6	2
–	2	9	–	3	4	–	5	8	–	1	5
=	2	8	=	5	6	=	1	5	=	4	7

❹

	6	3		7	4		8	0		5	1
–	4	8	–	3	2	–	5	6	–	1	5
=	1	5	=	4	2	=	2	4	=	3	6

❺

	7	2
–	4	5
=	2	7

Le producteur a livré 27 kg de tomates.

16 J'apprends à manipuler les fractions (p. 78-79)

1 a. Colorier 4 pétales
b. Colorier 5 pétales
c. Colorier 1 pétale
d. Colorier 2 pétales

2 a. $\frac{3}{6}$ b. $\frac{2}{6}$ c. $\frac{4}{6}$ d. $\frac{1}{6}$

3 $= \frac{3}{4}$ $= \frac{1}{4}$ $= \frac{2}{3}$ $= \frac{2}{4}$ $= \frac{1}{3}$ $= \frac{1}{2}$

4 $= \frac{1}{2}$ $= \frac{3}{4}$ $= \frac{2}{3}$ $= \frac{2}{2}$ $= \frac{1}{3}$ $= \frac{2}{4}$

5 Il reste $\frac{1}{4}$ de pizza.

17 J'apprends à me repérer et à me déplacer dans un quadrillage (p. 80-81)

1 La souris est derrière le chat.
La souris est à gauche du chat.
La souris est à droite du chat.

2

3 canard (G ; 6)
poivron vert (G ; 1)
cerf-volant (F ; 3)
avion (D ; 7)
banane (C ; 1)
kiwi (E ; 2)
ours (C ; 3)
fusée (A ; 7)

4 (G ; 1) : poivron vert
(A ; 7) : fusée
(D ; 2) : tomate
(A ; 5) : ballons
(E ; 3) : ananas
(F ; 4) : carotte
(D ; 1) : radis
(C ; 6) : voiture

18 Je calcule avec la monnaie et je découvre les nombres décimaux (p. 82-83)

1

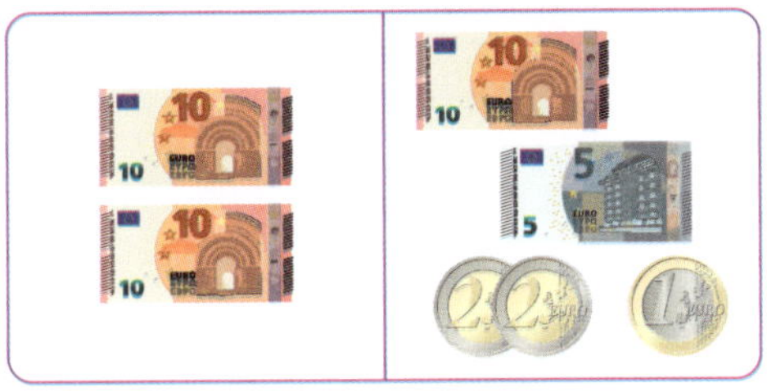

2

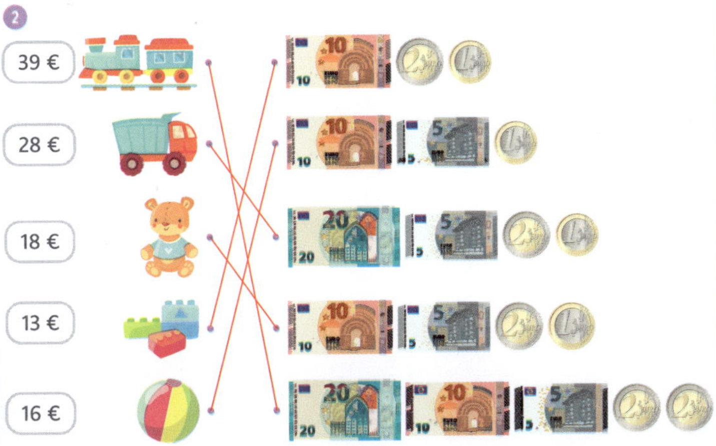

3

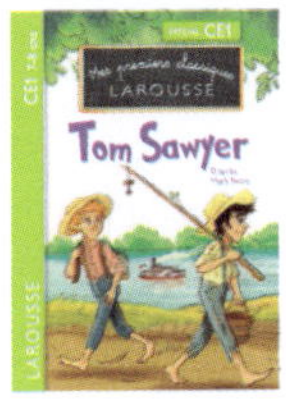

= 6,56 €

= 4,60 €

= 9,10 €

4

19 Je sais lire l'heure et je m'initie aux fractions (p. 84-85)

1

Il est 7 h 15. Il est 11 h 30. Il est 6 h 45. Il est 3 h 00.

2

3

4

matin : 4 h 30	matin : 1 h 15	matin : 9 h 00	matin : 00 h 45
après-midi : 16 h 30	après-midi : 13 h 15	après-midi : 21 h 00	après-midi : 12 h 45

5 Emma commence à étudier à 8 h 30.

20 Je connais les longueurs, les masses et les figures géométriques (p. 86-87)

1 La masse de ton sac à dos → En kilogrammes (kg).
La distance entre chez toi et l'école → En kilomètres (km).
La taille d'une coccinelle → En centimètres (cm).

2 a. 3 cm
b. 7 cm
c. 5 cm
d. 4 cm

4 a. 3 kg
b. 5 kg
c. 9 kg

5

	nombre d'angles droits	nombre de côtés	nombre de sommets
cercle	0	0	0
triangle	0	3	3
carré	4	4	4
rectangle	4	4	4

5

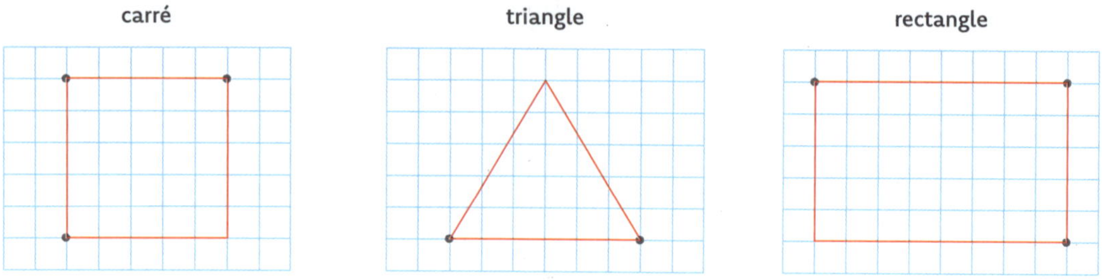